À espera do sol

MICHAEL GREENBERG

À espera do sol

Tradução de
RAFAEL ARAGON GUERRA

2009

CIP-Brasil. Catalogação-na-fonte
Sindicato Nacional dos Editores de Livros, RJ

G83e Greenberg, Michael, 1952-
À espera do sol / Michael Greenberg; tradução de Rafael Aragon Guerra. – Rio de Janeiro: Record, 2009.

Tradução de: Hurry down sunshine
ISBN 978-85-01-08373-9

1. Greenberg, Sally, 1981- . 2. Transtorno bipolar em adolescentes – Nova York (Estados Unidos). 3. Pais de crianças deficientes. I. Título.

09-0983

CDD – 920.9362196895
CDU – 929:616.89-008

Título original em inglês:
HURRY DOWN SUNSHINE

Copyright © 2008 Michael Greenberg

A Editora Record agradece a colaboração de Clara Sauberman.

Texto revisado segundo o Novo Acordo Ortográfico da Língua Portuguesa

Todos os direitos reservados. Proibida a reprodução, armazenamento ou transmissão de partes deste livro, através de quaisquer meios, sem prévia autorização por escrito. Proibida a venda desta edição em Portugal e resto da Europa.

Direitos exclusivos de publicação em língua portuguesa para o Brasil adquiridos pela
EDITORA RECORD LTDA.
Rua Argentina 171 – Rio de Janeiro, RJ – 20921-380 – Tel.: 2585-2000
que se reserva a propriedade literária desta tradução

Impresso no Brasil

ISBN 978-85-01-08373-9

PEDIDOS PELO REEMBOLSO POSTAL
Caixa Postal 23.052
Rio de Janeiro, RJ – 20922-970

EDITORA AFILIADA

Para proteger a privacidade da equipe médica, dos pacientes e de seus familiares, nomes e dados de identificação foram alterados. Em alguns casos de menor importância, a cronologia dos acontecimentos durante a hospitalização de Sally foi ligeiramente modificada.

Algumas partes deste livro foram publicadas anteriormente na coluna do autor em The Times Literary Supplement, *em Londres, entre 14 de julho de 2006 e 13 de julho de 2007.*

Parte Um

Em 5 de julho de 1996, minha filha ficou doente. Ela estava com 15 anos e seu surto marcou definitivamente nossas vidas. "Tenho a sensação de estar em uma viagem sem volta", disse ela em um rasgo de lucidez, enquanto partia para um lugar com o qual eu jamais sonharia ou poderia imaginar. Queria agarrá-la e trazê-la de volta, mas já não havia mais retorno. De repente, todos os elos entre nós haviam desaparecido. Isso não parecia ser possível. Ela aprendera a falar comigo; as primeiras histórias que ouvira haviam sido contadas por mim. Experiências indeléveis, eu pensava. E, ainda assim, de um dia para outro, nos tornávamos estranhos.

Minha primeira reação foi me culpar. Previsivelmente, tentei calcular os erros que eu havia cometido, onde falhara e o que não havia lhe proporcionado, mas isso não era suficiente para explicar o que acontecera. Nada seria. Por um breve momento, depositei minhas esperanças nos médicos, mas depois percebi que, além dos fatos clínicos relativamente exíguos dos sintomas de Sally, eles sabiam pouco mais do que eu sobre seu distúrbio. Eu descobriria que os mecanismos subjacentes da psicose continuam um mistério, como nunca deixaram de ser. E embora isso possibilite pouca esperança imediata de cura, indica um vasto campo a ser descoberto.

Atualmente, é quase um sacrilégio falar sobre insanidade como se fosse algo além de uma simples disfunção química do cérebro, o que corresponde à realidade, em certo nível. Mas houve momentos com minha filha em que tive a impressão angustiante de estar na presença de uma força rara da natureza, como uma grande nevasca ou inundação: destrutiva, mas também impressionante, à sua maneira.

Dia 5 de julho. Acordo em nosso apartamento na Bank Street, no andar mais alto de um prédio em um dos quarteirões mais imponentes do West Village. O espaço ao meu lado na cama está vazio: Pat saiu cedo para a academia de dança na Fulton Street, para fazer o balanço contábil e colocar as coisas em ordem. Estamos casados há dois anos e nossa vida conjugal ainda emerge de sob o peso que cada um trouxe de seu respectivo mundo.

O que eu trouxe de mais palpável foi minha filha adolescente, Sally, que também não está em casa, para minha surpresa. São 8 horas e o dia já está quente e abafado. O sol arde através da laje menos de 90 centímetros acima do seu beliche. O ar-condicionado queimou o último fusível de reserva por volta da meia-noite. Sally deve ter sentido que precisava sair daqui para conseguir respirar.

No chão da sala estão espalhados os indícios de outra de suas noites implacáveis: um walkman quebrado, preso com fita adesiva; meia xícara de café frio e o volume encadernado em tecido dos *Sonetos* de Shakespeare, sobre o qual ela tem se debruçado cuidadosamente por semanas, com intensidade crescente. Abrindo o livro a esmo, encontro um emaranhado de setas, definições, palavras circuladas. O soneto 13 parece uma página do Talmude, as margens tão cheias de comentários que o texto original não passa de uma mancha no centro.

Também há papéis com poemas da própria Sally, compostos por versos que lhe chegam (assim ela me disse alguns dias atrás) como passarinhos voando em uma janela. Pego um desses pássaros caídos:

E quando tudo deveria estar calmo
sua chama luta para inflamar um rio de torpor.
Por que o poderoso hálito do inferno deveria beijar
o que você vê, meu amor?

Ontem, por volta das 2 horas da madrugada, ela estava grudada no sofá de veludo, escrevendo em seu caderno ao som de Glenn Gould, que tocava as *Variações Goldberg* repetidamente em seu walkman. Eu havia chegado em casa tarde após celebrar a conclusão de mais um trabalhinho em minha carreira como escritor freelancer: criar o texto para um vídeo de duas horas sobre a história do golfe, um jogo que nunca pratiquei.

— Não está cansada? — perguntei.

Uma vigorosa sacudida de cabeça, um gesto de mão desencorajador, enquanto a outra mão que segurava a caneta percorria com rapidez a página. Uma grosseria pungente. Mas o que eu senti foi uma pontada de nostalgia desse mesmo período em minha vida, quando eu próprio procedia de modo similar com os poemas de Hart Crane:

pesquisando todas aquelas estranhas palavras em um desabrochar de vivacidade, mergulhando na pura (e, para mim, quase sem sentido) energia de seu estilo. Hesitei na soleira da porta da sala, observando-a me ignorar: os olhos galegos amendoados; os cabelos, que mais saltavam do que cresciam, em uma explosão âmbar e selvagem; a fome por linguagens, por palavras.

Estava convencido de que aquelas noites de estudo eram a liberação de frustrações que vinham crescendo em seu íntimo desde o dia em que entrara para a alfabetização, havia quase nove anos. Talvez por analogia eu pensasse nesse dia como aquele em que a infância de Sally esmorecera como a imagem de um filme mudo no qual a luz diminui até se transformar em um pontinho no centro da tela. Mas aquilo era o que parecia. Ela não estava aprendendo a ler, e suas dificuldades aumentavam. O alfabeto era um criptograma: o *R* poderia muito bem ser uma boca de dentes tortos e o *H* uma cadeira de cabeça para baixo. Ela tinha tanto êxito na leitura de *O gatola do cartola* quanto lendo uma tomografia computadorizada. O artifício do consenso, dos significados compartilhados, em que se baseia grande parte da troca de experiência humana, estava lhe escapando.

Vê-la com aquele olhar submerso, como se tivesse perdido o sentido da felicidade, me aflige. E no entanto as mesmas palavras que seus olhos não conseguiam decifrar na página, sua língua, livre dos símbolos estabelecidos da linguagem, dominava com uma destreza que possibilitava jogos de palavras, citações, discussões e discursos, caso ela o desejasse — tudo isso atestando uma inteligência desconcertantemente aguçada.

Um dia, quando fui buscá-la na porta da escola, havia uma multidão de repórteres e equipes de TV. Uma menina da turma de Sally havia sido assassinada pelo pai. Com um choque, o crime me despertou novamente para a fragilidade de minha filha de 6 anos, principalmente porque eu e o assassino, Joel Steinberg, tínhamos em comum uma brutal semelhança física. Ambos éramos judeus asquenazes: a mesma cor, a mesma altura, os mesmos óculos. De modo tribal, senti-me envolvido naquele crime, culpado por associação. Na forma demoníaca que acontecimentos outrora inimagináveis têm de tornar sua repetição inevitável, senti que eu e Sally havíamos sido alçados a um novo patamar de perigo: nos Estados Unidos, os bisnetos de Tevye estavam matando suas filhas.

Meti-me na aglomeração de jornalistas e encontrei-a no meio da multidão, de mãos dadas com uma coleguinha. Um repórter estendia um microfone na direção das meninas em busca de reações. Os olhos de Sally voltaram-se para cima... para mim. Seu casaco estava pelo avesso, os cadarços de seus sapatos, desamarrados. Seu pregador pendia inútil de seus cabelos, como um inseto que tivesse ficado preso ali. Agarrei as meninas e abri caminho na multidão.

Foi por essa época que eu e a mãe de Sally nos separamos. Nós nos conhecíamos desde o ensino médio, e nosso divórcio foi como a separação muito adiada de gêmeos: necessário e sofrido. Passado o cataclismo daqueles meses, eu e Sally ficamos mais próximos. Eu me tornei seu defensor, protegendo-a tediosamente de seus professores, dos outros pais, dos membros de nossa própria família aturdidos pelo abismo existente entre a forma como Sally e a maioria das pessoas viam o mundo. Não será esse abismo o exato lugar em que a imaginação floresce, argumentava eu. Não será ele a expressão do acesso de Sally a essa sublime região da mente em que ninguém nunca é igual?

— Você é tão inteligente quanto os outros — afirmava eu. — Sua inteligência é inerente, está dentro de você, a vida muda com o passar dos anos, basta esperar, você vai ver.

E de fato mudou. Buscamos um laboratório de aprendizagem, especialistas acessíveis em um centro comunitário de Chelsea. Admitida em um programa de educação especial, Sally estudou o som rudimentar das palavras e os números com a tenacidade de um sábio que tenta aprender um idioma morto. Ela parecia lutar internamente por habilidades que deixariam de existir se falhasse em decifrar esse código. Sally teve êxito e, tomada pela confiança que isso inspirou, pôde retornar à "escola convencional". Um sucesso do sistema. Naquele momento, as coisas ficaram difíceis novamente, mas minha promessa de que cedo ou tarde seus talentos adormecidos viriam à tona ganhara credibilidade.

Agora, tudo isso se concretizava! Bach, Shakespeare, os hieróglifos em profusão de seus diários... Se ela ficava acordada a noite toda era porque estava saboreando cada minuto da vitória depois das provações de todos aqueles anos.

Saí do apartamento e desci cinco lances de escada, passando por uma série de corredores manchados cuja última limpeza ninguém no prédio se lembrava mais. Cinco de julho. Fim de semana do feriado do Dia da Independência. O Village parecia um hotel do qual haviam partido os hóspedes mais exigentes. Aqueles dentre nós deixados para trás sabemos quem somos: o músico que fazia o acompanhamento do artista principal, o revisor de textos, a senhora de chapéu de palha adornado com uvas de plástico que salvava os cachorros da vizinhança... Com seus proprietários de férias, as ilustres residências adquirem uma aparência letárgica. A Bank Street sucumbia a um estado de esplendor em câmara lenta.

Caminho em direção ao café da Greenwich Avenue onde Sally gosta de passar as manhãs e quase esbarro com ela ao virar nossa esquina. Ela parece afogueada, e aborrecida, e quando pergunto, como de hábito, quais são seus planos, ela se vira para mim com um olhar estranho e agressivo, que me pega desprevenido.

— Se você soubesse o que está passando pela minha cabeça, não faria essa pergunta. Mas você não tem a mínima ideia. Você não sabe nada a meu respeito, não é, papai?

Ela joga o pé para trás e chuta uma lixeira próxima com tanta força que a tampa de metal ressoa no chão. Uma vizinha do outro lado da rua levanta as sobrancelhas como quem diz "O que está acontecendo aqui?", mas Sally não parece notá-la nem se preocupar com isso. Há algo estranhamente dinâmico em sua presença, apesar de estar parada, me encarando, os punhos cerrados ao lado do corpo. Seu rosto em forma de coração está tão vívido que me assusta. Ocorre-me, não pela primeira vez, que uma filha é uma tarefa além de minhas possibilidades. Cresci entre quatro irmãos em um antro de meninos semi-indômitos. Meu pai passou a maior parte da vida vendendo sucata em um armazém às margens do rio no Brooklyn. Em nossa casa, o lado feminino do mundo era quase inexistente.

Quando ela vai chutar a lixeira novamente, ponho a mão em seu ombro para impedi-la. Irritada, ela se esquiva de mim.

— Está com medo de mim, papai?
— Por que eu teria medo de você?
— Parece assustado.

Ela morde o lábio com tanta força que ele sangra. Seus braços estão trêmulos. Por que ela está agindo dessa forma? E por que continua me chamando de papai com uma voz impostada e oprimida, como se estivesse recitando falas teatrais decoradas?

Nossa vizinha Lou se aproxima com seu tranquilo cão pastor. Uma visão bem-vinda. O afeto de Lou por Sally data de quase dez anos atrás, quando ela notou seu sentimento instintivo pelos seres vulneráveis deste mundo. Quanto mais indefesa fosse a pessoa, mais Sally lhe dava seu coração, sentando-se com vítimas de derrames e Alzheimer do lado de fora do Village Nursing Home, um asilo para idosos, e distribuindo pedaços de pizza a bêbados estatelados na Seventh Avenue. Sua maior empatia era com os bebês. Uma criança de colo era objeto de reverência para Sally. Era como se ela compreendesse o quão facilmente essas vidas podiam ser despedaçadas, talvez em algum momento fluido antes da memória, quando, em um nível molecular, o temperamento que determina o destino é formado. Se pudesse, ela seguraria um recém-nascido nos braços por horas. Às vezes essa afinidade me preocupava... era como se ela realmente visse nesses bebês a chave para alguma força efêmera em si mesma, à qual ela precisasse se agarrar e consertar.

Lou não tinha nada disso.

— Você sabe o que significa *naches*? Bem, é o que essa menina tem. Ela é generosa, Michael. Em um mundo de mesquinharia e estupidez, ela tem generosidade.

E é por isso que o comportamento de Lou agora é tão perturbador. Ela acena para nós do fim da rua, avança uns três metros e subitamente para. Fixando o olhar em Sally, estende as mãos como se fosse repelir algum espírito maligno, puxa a correia do cachorro e sai correndo.

A fuga dela me deixa emudecido. Sally, contudo, parece inabalável. Seus costumeiros olhos amendoados e afetuosos estão escurecidos e cerrados como conchas, como se tivessem sido laqueados. Suponho que pela falta de sono.

Pergunto se ela estava bem.

— Estou bem.

E penso: Lou deve ter achado que estávamos discutindo e não quis se intrometer.

— Tem certeza? Porque você parece muito tensa. Não tem dormido, e vi que quase não comeu durante toda a semana.

— Estou bem.

— Talvez fosse bom você descansar hoje à noite, deixar Shakespeare de lado por um tempo.

Ela comprime os lábios com sofreguidão e sacode a cabeça afirmativamente.

No fim do dia, encontro um amigo em visita à cidade. Colocamos o papo em dia com alguns drinques e no caminho para o jantar passamos pelo meu prédio na Bank Street. Um carro de polícia está estacionado em fila dupla do lado de fora, vazio, com as luzes apagadas. Há um ar de tranquilidade tão grande na rua que não me ocorre que algo possa estar fora dos eixos. Uma noite calma, os policiais provavelmente dormindo em serviço; ou talvez visitando o rapaz cujos pinschers são uma fonte permanente de reclamações dos vizinhos.

Prosseguimos para o restaurante onde Pat nos espera em um salão de mesas vazias, cada uma com um castiçal no centro.

Ao longo do jantar, Pat e nosso amigo descobrem algo em comum: ambos têm as enteadas bonitas e rebeldes... e histórias para contar: ameaças teatrais de suicídio, vasilhas de café derramadas, a faca de pão que cortou um naco da mão.

— A filha de minha mulher é o amor de sua vida — brinca ele. — Eu sou apenas o amante.

Pat concorda, brincalhona:

— É como viver em uma historinha perversa. Os malévolos padrastos e madrastas. Os últimos a ganharem carinho e os primeiros a serem endemoniados, rejeitados.

Na verdade, quase tudo na relação de Pat com Sally contradiz o clichê da madrasta malvada. Ela pena com os deveres de casa de Sally, vive à mercê de seus humores e lhe dá conselhos sobre a catástrofe em potencial de se imputar a maturidade feminina de forma prematura — avisos pelos quais Sally claramente anseia, mesmo quando exibe uma resistência simbólica. Nada disso, no entanto, tem sido capaz de solucionar um dos dramas existentes em nosso lar: a recusa de Sally em acreditar que a devoção que Pat lhe dedica é sincera. Segundo a visão de Sally, o problema é que Pat nunca a amará como a um filho biológico — não fisicamente, não emocionalmente, nunca. Ela é estranha ao corpo de Pat; portanto, estranha ao seu coração. Nossos contra-argumentos (que o cordão umbilical não é a única forma de elo maternal; que a ligação entre ela e Pat é ainda mais forte por ter sido forjada fora dos incidentes reais da vida; e, por fim, que ela já tem uma mãe biológica) servem apenas para aumentar a melancolia de Sally.

— Não me venham com esse papo-furado; nem sequer tentem — diz ela asperamente. — É uma lei natural.

Depois do jantar, uma caminhada de três minutos até Bank Street, onde nos despedimos de nosso amigo e subimos as escadas.

Sally está dormindo em seu beliche, tranquila como há dias não vejo. Seus dedinhos do pé com unhas pintadas pendem da beira da cama, e o pé direito — com o qual ela chutou a lata de lixo de manhã — está ligeiramente inchado.

Ao lado de Sally está sua amiga Cass, passando a noite em nossa casa, também dormindo, um pouco suada.

Entro na cozinha e percebo que as facas não estão no lugar de costume, sobre o balcão; elas foram transferidas para a prateleira mais alta, atrás de um conjunto de pratos raramente usados, cada lâmina na devida ranhura do cepo de facas, os cabos pretos virados para a parede.

Estou tentando achar algum sentido para isso quando Pat diz:

— Tem um bilhete para ligarmos para Robin.

Robin é a mãe de Sally. Nascida e criada em Nova York, muitos anos após nossa separação ela abandonou a cidade para viver com seu novo marido em uma parte remota de Vermont. O acordo que fizemos sobre as crianças foi decidido conforme o gênero: Sally iria com a mãe para frequentar uma escola primária no interior, enquanto seu irmão mais velho, Aaron, ficaria na cidade comigo. Tínhamos a esperança de que em uma escola menor, na área rural, Sally se sentisse melhor do que nas escolas nova-iorquinas.

Não foi assim que aconteceu. Na escola, ela novamente se sentiu desajustada, e seu relacionamento com Robin, sempre volátil, piorou. Quanto mais Sally a desafiava, mais passiva Robin se tornava. Por desistência, Sally "ganhava" todas as batalhas (por dinheiro, pela hora de dormir etc.), até não restar mais nada por que brigar e ela ficar desesperada para ser resgatada de sua própria precocidade assustadora. Robin estava exausta, perdida, em um estado de perpétua rendição. E, não obstante, quanto mais as brigas se tornavam sem sentido, mais ferozmente Sally lutava, punindo a mãe por lhe dar a liberdade que pedia, ao mesmo tempo que exigia mais liberdade, mais poder, *mais* — brigando, na verdade, pelo próprio sofrimento. Inevitavelmente, Sally passou a andar na companhia de uma turma mais velha: carros enferrujados, letras de música cifradas sobre corpos e metal dilacerados, ruas imundas e sem saída. Seu umbigo ficou preto quando ela o perfurou com uma agulha de costura para fazer um *piercing*, um furo ostensivamente ornamental. Aos 13 anos, após viver dois anos em Vermont, ela voltou a morar comigo e Pat em Nova York.

Ligo para Robin.

— A polícia trouxe Sally para casa esta noite — diz.

E as peças se encaixam: o carro de polícia estacionado do lado de fora era para Sally. Os policiais estavam no meu apartamento, colocando as facas fora de seu alcance, no exato momento em que eu e meu amigo passávamos por ali caminhando alegremente.

— Você falou com eles?
— Os policiais? Sim, claro que conversei com eles. Disseram que Sally e Cass estavam na rua agindo como loucas e eles acharam que seria melhor levar as meninas para dentro de casa.

A mensagem de Robin é óbvia: você costumava criticar meu desempenho como mãe, mas precisa que o Departamento de Polícia de Nova York faça o seu papel como pai.

Conversamos um pouco mais e ficamos sem assunto. Após uma pausa, Robin dá uma risada suave e estranhamente sedutora.

— Michael?
— Sim.

Silêncio. Durante o qual posso ouvir a tranquilidade pulsante de sua casa no campo pelos fios. Imagino a cena: velas aromáticas, uma fotografia emoldurada de seu guru, livros sobre crescimento espiritual. Um outro mundo.

— Há mais alguma coisa que eu deveria saber? — pergunto.

— De fato, não. Só que... eu perdoo você, Michael. Queria dizer isso há um tempo e acredito que agora seja a hora certa. Eu perdoo você. E o abençoo do fundo do meu coração.

Na manhã seguinte Sally tem a aparência aturdida de alguém que acabou de sair de uma batida de carro. Quando pergunto sobre a noite passada, ela se joga no sofá e esfrega os olhos com os nós dos dedos.

Viro-me para Cass, que luta com os cadarços de seus coturnos, ansiosa por ir embora. Ela evita olhar para Sally e também não olha para mim, desviando-se de minhas perguntas com uma série de grunhidos, dando de ombros.

Com maior delicadeza, Pat consegue persuadi-la até que nos conte, em partes, o que aconteceu. Ela e Sally saíram para caminhar; Sally falava pelos cotovelos, tentando comunicar algo extraordinariamente urgente, azucrinando os ouvidos de Cass, quando ela interrompeu Sally ou desistiu de entender.

— Vou lhe mostrar o que diabos quero dizer! — gritou ela a plenos pulmões e começou a interpelar quem passava na Hudson Street, sacudindo as pessoas e lhes agarrando os braços. Quando um homem xingou Sally e a empurrou, Cass percebeu que aquilo não era uma brincadeira. Ela estava implorando a Sally para que parasse com aquilo, quando minha filha se atirou no meio do tráfego, correndo em direção aos carros que se aproximavam, certa de que conseguiria fazê-los parar.

— Eu a puxei de volta para a calçada; não sei como não morreu. E quando os policiais se aproximaram ela partiu para cima deles. Do mesmo jeito. Aquela merda louca toda.

Sem se despedir de Sally (que, de qualquer forma, não mostra qualquer sinal de perceber sua presença), Cass sai do apartamento capengando, seus coturnos ainda desamarrados, e começa a descer as escadas.

Eu a sigo até o térreo, fazendo uma avalanche de perguntas. As respostas me surgem por si mesmas, com o impacto de uma explicação definitiva. Drogas. Ácido, Ecstasy, no mínimo os efeitos de uma maconha poderosa.

Pressiono Cass para que admita.

No entanto tudo o que consigo extrair dela é um olhar suplicante.

— Não usamos droga nenhuma. Por favor, posso voltar para minha casa?

No apartamento, Sally continua no sofá, distante, inerte. Sento-me ao seu lado, pego sua mão, fico observando-a. Digo seu nome em voz alta, não exatamente para ela, mas como se para estabelecer um tênue fio de contato entre nós.

Nenhuma resposta.

— Ela pode ter salvo a vida de Sally — diz Pat, referindo-se a Cass.

Mas por que a vida dela precisava ser salva?

De repente, Sally se afasta de mim, fica em pé e começa a andar pelo apartamento. Ela treme, não como alguém que estivesse com frio, mas com um tremor interior irascível de seu ser. E fala, ou melhor, joga as palavras como um comerciante varrendo a poeira de sua loja. Ela diz que há pessoas esperando por ela no Sunshine Cafe, um lugar abençoado, e que não pode desapontá-las, precisa ir para lá agora...

Ela corre em direção à porta.

Jogo-me na frente dela, que me empurra contra a parede. Sua força é surpreendente: 1,65 metro, talvez 45 quilos, rompantes de um vigor descomunal retumbando por ela como uma tempestade. Lutando comigo no chão, ela arranca meus óculos e arranha minha cara até sangrar. Pat grita e corre para me ajudar. Dominada por nós dois, seu corpo retesado relaxa. Eu a solto, ainda guardando a porta, e ela se desvencilha de nós, fugindo para o lado oposto do apartamento.

Sally se senta no chão embaixo da janela e nos encaramos, ofegantes como animais enjaulados.

Recobrando a calma, Pat desliza para o chão ao seu lado.

— Quem está esperando por você, Sally? O que você tem a dizer a eles?

Era todo o estímulo de que ela precisava. Sally recomeça a falar compulsivamente, proferindo uma torrente de palavras, dessa vez com um falso ar de tranquilidade, como se Pat estivesse apontando uma arma para a sua cabeça e lhe ordenasse agir "normalmente". Ela havia tido uma visão, poucos dias antes, enquanto observava duas menininhas brincarem na passarela de madeira perto do escorrega, no parque da Bleecker Street. Em um *insight*, ela percebera a genialidade das meninas, uma genialidade inata e ilimitada de criança, e ao mesmo tempo compreendera que todos somos geniais, que a própria ideia de mundo havia sido distorcida. A genialidade não era o acaso feliz que queriam nos fazer acreditar, não, era algo tão fundamental para nossa essência como a noção de amor, de Deus. A genialidade era a infância. O Criador a concedia com a vida, e a sociedade a expulsava de nós antes de termos a chance de seguir os impulsos de nossas almas naturalmente criativas. Einstein, Newton, Mozart, Shakespeare — nenhum deles era excepcional. Eles simplesmente haviam encontrado uma forma de preservar o dom que todos recebemos, como uma dádiva, ao nascer.

Sally contara sua visão para as menininhas no parque. Aparentemente, elas a haviam compreendido perfeitamente. Depois, caminhando pela Bleecker Street, descobrira que sua vida havia mudado. As flores nos vasos de plástico verde na frente da delicatéssen coreana, as capas das revistas expostas na banca de jornal, os edifícios, os carros — tudo assumira uma nitidez além do que ela poderia imaginar. A nitidez, segundo Sally, do "momento presente". Uma pequena onda de energia se expandira no centro do seu ser. Ela podia ver a vida escondida nas coisas, seu esplendor em detalhes, o gênio concentrado que fazia delas o que eram. Mais nítido do que tudo era o pesar no rosto das pessoas por quem passava. Sally tentara lhes explicar sua visão, mas elas tinham continuado correndo. Então, uma ideia lhe ocorrera. Aquelas pessoas já sabiam sobre sua genialidade, isso não era um segredo, mas muito pior: a genialidade havia sido suprimida nelas, assim como acontecera com Sally. E o gigantesco esforço exigido para não deixá-la voltar à superfície e reafirmar sua influência gloriosa em nossa vida era a causa de todo o sofrimento humano. Sofrimento este que Sally, com essa epifania, fora escolhida entre todas as pessoas para curar.

Eu e Pat ficamos chocados, menos pelo que ela está dizendo do que pela forma como o faz. Assim que expressa um pensamento, outro sobrevém a galope, produzindo um monte de palavras sem lógica, cada frase contradizendo a anterior antes que esta consiga se formar. Nossa pulsação está acelerada no esforço que fazemos para absorver a quantidade de energia que transborda de seu corpo minúsculo. Ela golpeia o ar, projeta o queixo — de fato, uma atuação engraçada: a soberana exaurida enfiando utopia goela abaixo de seus pobres súditos. Mas não é uma atuação; sua vontade de comunicar-se é tão forte que a atormenta. Cada palavra em si é como uma toxina que ela precisa expelir do corpo.

Quanto mais ela fala, mais incoerente se torna, e quanto mais incoerente se torna, mais urgente é sua necessidade de nos fazer entendê-la! Sinto-me impotente vendo-a. E, ainda assim, estou arrebatado por sua absoluta vivacidade.

Spinoza considerava a vitalidade como a virtude mais pura, a única. Dizia que o impulso de persistir e prosperar era a qualidade incondicional compartilhada por todos os seres vivos. O que acontece, no entanto, quando a vitalidade cresce com tanta força que subverte a virtude de Spinoza e, em vez de prosperar, o indivíduo é levado a devorar a si mesmo?

Com energia renovada, agarro-me ao que tenho certeza de ser a resposta para a questão: drogas. Algum coquetel de drogas devastador havia invadido a corrente sanguínea de Sally e induzido um ataque de proporções violentas — e, o mais importante, temporário.

Sob a proteção dessa explicação preocupante, os delírios de Sally assumem uma disposição menos nociva. Minha filha com distúrbio de aprendizagem acredita ser um gênio. Acredita que todos somos gênios, se conseguirmos reacender a chama infantil dentro de nós. Não é uma ideia extravagante. Os balineses acreditam que durante os primeiros seis meses de vida somos literalmente deuses, após o que nossa divindade se perde e o que resta é um mero ser humano. E para os gnósticos, somos deidades que cometeram o erro de se apaixonar pela natureza, motivo pelo qual passamos a vida ansiando por recapturar um estado que lembramos apenas vagamente. O que é a visão de Sally se não a expressão desse anseio? Ela havia retornado a um instante de existência idealizado, antes dos testes diagnósticos e "necessidades especiais", antes dos "distúrbios de processamento" e avaliações de personalidade — antes da palavra "normal" passar a denotar um pináculo fora de alcance. Ela havia anulado seu passado, não se deixando corromper por influências, virado as costas para o divórcio, para a traição, para a mãe, para mim... e quem poderia culpá-la?

Sally está sentada no chão da sala com os braços em volta dos tornozelos, a cabeça nos joelhos. Treme ligeiramente, mas no momento parece tranquila. Aproveitando a calmaria, aponto o quarto para Pat, onde podemos conversar sem que Sally nos ouça. Ali, exponho o que penso. Com certeza, podemos entender a necessidade dela de insuflar seu ego. A literatura psiquiátrica estava cheia desses casos: a baixa autoestima fervilhando em meio ao palavrório da autoapreciação exagerada. Considerando os efeitos adulteradores das drogas que ela obviamente havia ingerido, seu entusiasmo não seria indicativo de um saudável desejo de equilíbrio emocional?

— Se pelo menos conseguirmos acalmá-la, tudo isso passará, tenho certeza. Ela voltará a ser o que era.

— Talvez devêssemos nos perguntar quem realmente é o "verdadeiro eu" de Sally — diz Pat.

A incredulidade absoluta em sua voz me deixa pasmo.

— O que você quer dizer?

— Você não vai gostar de ouvir isso, mas Cass não me pareceu drogada. E também não acho que Sally esteja. Mesmo que tenha tomado algo, foi há pelo menos umas dez horas. Os efeitos já não deveriam ter diminuído?

Vislumbro minha própria imagem no espelho pela porta aberta do banheiro: dois vergões em carne viva se projetam das maçãs do meu rosto onde Sally me arranhara.

— Tenho que lhe contar uma coisa, eu liguei para Arnold — declara Pat, referindo-se ao terapeuta reichiano que a tratou depois que um carro atingiu sua perna e sua carreira como bailarina foi abruptamente encerrada. — Ele deu um único conselho: "Levem Sally para o pronto-socorro mais próximo."

O significado da recomendação de Arnold não me passa despercebido, especialmente sob a luz de seu programa de rádio semanal, em que declara seu ceticismo acerca das drogas psicotrópicas e da psiquiatria biomédica, entre outras coisas. Já ouvi Arnold chamar as "doenças mentais" de um mito social inventado para silenciar um setor potencialmente subversivo da população.

— Pensei que ele condenasse os prontos-socorros.

— Não no caso de um surto psicótico.

Surto psicótico. A expressão me horrorizava. Comparativamente, "doença mental" parece algo benigno. Jogo água no rosto; algumas pálidas gotas de sangue giram ralo abaixo. Em seguida, a porta da frente se abre, Pat solta um grito e ambos corremos escada abaixo atrás de Sally.

Nós a alcançamos na Bank Street, andando a passos largos, impetuosamente, para o oeste. Está indo para o Sunshine Cafe, explica em resposta a nossas reiteradas perguntas. As pessoas já estão reunidas lá, envoltas na luz, aguardando que ela volte como prometeu que faria.

Sally desce o beco de paralelepípedos perto da Charles Street e, correndo para conseguir acompanhá-la, tenho a nítida impressão de ter voltado no tempo e parado em alguma pintura assustadoramente fiel de Bosch ou Brueghel: "Dois tolos perseguindo a loucura" pelas ruas de alguma cidade medieval fortificada.

Minutos depois estamos diante do Sunshine Cafe, uma lanchonete suja, flanqueada de um lado por uma casa de cômodos transformada em albergue para pessoas com Aids e de outro por uma livraria pornográfica com um aviso na vitrine anunciando a liquidação de final de estoque. "Queima total!" No decadente cais do outro lado da West Street, uma meia dúzia de banhistas espalha-se precariamente.

Assim que entramos no café, o rapaz atrás do balcão revirou os olhos para o teto, como se já houvesse tido o desprazer de lidar conosco antes. Depois, visivelmente continua a nos ignorar. Sally volta sua atenção para o único cliente do lugar, um homem de aparência gentil, com corte de cabelo militar e short de couro bem curto, debruçado em silêncio sobre um prato de salada Caesar. Ela se senta e projeta o rosto em sua direção.

— O que o trouxe ao Sunshine Cafe hoje?
— Vou encontrar um amigo, espero.

Ela agarra seu braço tatuado.

— Você já achou um amigo. Eu sou sua amiga.

Ele se afasta, constrangido e surpreso.

Sally entende a mensagem ao contrário: pensa que ele concorda com cada palavra. Ela lhe dá um sorriso forçado e estranhamente distante. No entanto, antes que tenha a oportunidade de começar a lhe expor suas ideias, o homem atrás do balcão intervém.

— Tirem a porra dessa menina daqui. Não quero ver a cara dela novamente.

Absorvo o choque de vê-la através do olhar dele: uma pária. Meu coração desfalece. Nossa vizinha Lou, aquela expulsão sumária do Sunshine Cafe... Lembro-me da lenda de Salomão: enganado por um demônio, ele foi expulso de Jerusalém e viu o demônio assumir o controle como rei. Salomão foi obrigado a mendigar comida, insistindo em ser ele o verdadeiro rei de Israel. As pessoas o consideravam um louco. Zombavam dele e o evitavam. Ele dormia em cantos escuros, sozinho, suas roupas imundas e rasgadas.

Com a ajuda de Pat, tento atrair Sally até a porta. Ela lança um olhar mortal para mim e ordena que eu fique quieto. Mas não fica agressiva. Permite que a levemos para fora do café e refazemos nossos passos pelas ruas quentes do Village. Sally está entre mim e Pat agora, gesticulando imperiosamente como um monarca capturado em uma marcha forçada.

Retomamos nossa situação de impotência no apartamento, brilhando de suor, o calor esvaindo-se pelo teto em um tremeluzir quase visível. Sally, está com fome? Quer se deitar? Quer que eu leia para você? Minha voz soa longínqua e estranha, como se à força de alguma ilusão autorreconfortante eu tivesse voltado ao tempo em que ela tinha 2 anos de idade. Para cada pergunta eu aguardo uma resposta, um mínimo sinal de que o feitiço sob qual ela está, qualquer que seja, tenha se quebrado e ela tenha voltado a ser a criança que eu conheço. Entretanto, a cada vez, a diferença se reafirma. É como se a verdadeira Sally tivesse sido sequestrada e um demônio como o de Salomão ocupasse seu lugar, apropriando-se de seu corpo. A antiga crença da possessão! De que outra forma enfrentar essa transformação grotesca?

Outra hora se passa. O dia cada vez mais se apresenta irreal. Continuo a esperar por algum tipo de remissão espontânea — como o estalar de dedos do hipnotizador —, mas a probabilidade disso acontecer parece remota. Um silêncio hermético nos cerca. É como se tivéssemos perdido a voz. Mas os mudos têm sinais, um sistema de significados compartilhados. No sentido mais profundo, eu e Sally somos estranhos: não possuímos uma linguagem comum. Tudo é devorado pelas mandíbulas de aço de sua obsessão; não existe realidade fora disso. Ela não está mais entre nós; é como se tivesse partido com a morte, deixando uma carapaça falsa de si mesma para falar comigo em um dialeto inventado que somente ela entende.

— As pessoas se chateiam quando são enganadas. Você se sente enganado, papai?

Sua voz me atravessa como um dardo. Ela está com o rosto vermelho, linda, incomensuravelmente desfigurada.

— Estou orgulhosa de você, papai. Há tanto pelo que chorar. Tanto.

Apenas quando sinto a ardência da umidade nos arranhões em meu rosto compreendo a que ela se refere: Sally acha que estou derramando lágrimas de felicidade pela sua epifania; que eu abracei sua causa; que graças a ela eu também estava salvo.

Ao fim da tarde não há mais nada a fazer senão seguir o conselho de Arnold e levar Sally ao hospital. Longe de resistir, como eu esperava que ela fizesse, Sally aceita a ideia com crescente otimismo, como se estivéssemos prestes a embarcar em uma aventura há muito adiada. Ela poderá "partilhar" suas descobertas com pessoas versadas no assunto, especialistas que a entenderão. Novamente, descemos as escadas e percorremos apressadamente a Bank Street, os olhos da vizinhança sobre Sally enquanto ela alardeia seu surto, envolvendo a todos, incoerente e irascível.

Na altura do parque em Bleecker Street, ela para, agarra as barras da cerca de ferro e com uma seriedade peculiar contempla as crianças que lá estão. Ela parece fascinada ao observá-las correr do aspersor de água, escavar a caixa de areia, andar com seus carrinhos de plástico ao redor umas das outras. Sua respiração está curta, acelerada, seus olhos estão brilhantes e, naquele momento, infinitamente tristes. Tristes além de sua capacidade de reconhecer a tristeza (a "glória na desgraça", como definiu Robert Lowell, escrevendo sobre seu próprio entusiasmo abismal), o que eu viria a conhecer como o estado confuso vivenciado por aqueles nos estertores da mania disfórica.

Ao lado do parque há uma pequena praça com 17 tílias prateadas elevando-se quatro metros acima do que deveriam ser os canteiros mais profundos do Village. As folhas dessas árvores formam uma cobertura tão espessa sobre a praça que o sol não consegue atravessá-la, mesmo no verão. A praça é escura como uma caverna e permanentemente fresca, um refúgio para catadores de lata ou qualquer um que necessite de um lugar aconchegante para ficar sozinho. Há algumas pessoas deitadas em posição fetal nos bancos, enquanto outras inspecionam sacos plásticos, mudam de roupa, fritam salsichas em fogareiros portáteis, tomam bebidas alcoólicas com nomes como Tequiza e Pink Lady, todas com um ar de desocupadas, rádios tocando baixo, odores de fruta madura exalados pelas árvores.

Enquanto solto as mãos de Sally da cerca do parque, uma mulher da praça se aproxima. Eu já a tinha visto antes, a caminho do banco, do metrô, seu corpo monstruoso coberto de sujeira, uma armadura protetora contra sádicos e ladrões. Vou colocar uma moeda em sua mão estendida, quando percebo que ela não está pedindo dinheiro: aninhado na palma de sua mão há um pardal morto, suas garras pequeninas e marrons apontando em direção ao céu. Recuo involuntariamente, ao mesmo tempo que, com um repentino sentimento contraditório, meu coração se enche de compaixão por ela. Olho em seus olhos: dois seixos de laca brilhantes, no centro de um mundo que para ela é único. O ser humano é incompreensível! Começo a dizer algo, mas o abismo entre nós parece ser enorme, intransponível.

Eugen Bleuler (que em 1911 cunhou a palavra "esquizofrenia") certa vez disse que, no final das contas, seus pacientes eram tão estranhos para ele quanto os pássaros no jardim. Mas, se eles são estranhos para nós, o que somos para eles?

Indignada, Sally espanta a mulher dali.

— Não deixe que ela o importune, papai. Ela é completamente maluca.

Após segurar as pontas por um tempo no pronto-socorro do hospital, ao lado de casos de cálculo renal, desintoxicação e a fratura de um patinador, fomos chamados para dentro de um dos módulos de uma série de divisórias.

— Deixa que eu falo — ordena Sally, confiante em que a enfermeira conseguirá captar a importância de sua mensagem de uma forma que eu e Pat não conseguimos. Ela começa a falar em um tom professoral, alisando afetadamente as dobras de seu vestido: a paródia de uma mulher no controle. Em segundos, contudo, o discurso se estilhaça como um copo no chão.

— Você é o pai dessa menina? — pergunta a enfermeira.
— Sim, sou eu.
— Atravesse essas portas e vire à esquerda. Acomode-se em uma das salas de exame. Alguma que esteja vazia, claro.

Seguindo as direções dadas pela enfermeira, entramos em uma ala alegremente pintada, com tiras de papel crepom amarelo recobrindo o teto e ursinhos nas paredes. Pronto-socorro pediátrico.

Encontramos uma sala de exame e esperamos, Sally enroscada em cima da mesa acolchoada, a cabeça no colo de Pat, como se tentasse resistir às fibrilações de sua mente sem implodir. Amedrontado. Desgastado. Por que você está com tanto medo?, ela continua a perguntar. Digo-lhe repetidamente que não estou com medo. Então compreendo a lógica de sua insistência: ela quer que eu sinta medo por ela. Eu sou o guardião do terror que a falsa exuberância de sua mania não permitia que ela sentisse. Essa exuberância, começo a entender, é o oposto da verdade. Ela está cercada de certezas porque não tem certeza de nada; acha-se eloquente quando não consegue formar uma frase coerente. Exige controle porque, em algum interstício de sua psique, sabe que está fora de controle.

Esta percepção me aproxima de Sally. Não posso testemunhar sua desagregação sem me envolver de alguma forma e, fechando os olhos, também me sinto em uma corrida, como se o alvoroço dela tivesse se abrigado dentro de mim.

— Tenho a sensação de estar em uma viagem sem volta — diz ela em um sussurro quase casual. Pat murmura algo de volta, acariciando suavemente sua cabeça. O gesto parece acalmar a solidão agitada que, como fica cada vez mais claro, é seu maior medo. A necessidade de Sally se sentir compreendida é como a necessidade que temos de respirar. (Não é essa a luta de todos nós? Recrutar os outros para nossa versão da realidade? Persuadi-los? Sermos vistos pelo que pensamos que somos?) Invejo a habilidade de Pat em fazê-la temporariamente acreditar que ela conseguiu penetrar em sua cabeça, mas eu mesmo não poderia fazer isso. Eu não quero conhecer o seu mundo; quero arrancá-la de lá e trazê-la de volta para o meu.

Um médico muito jovem dá uma espiada dentro da sala, conversa conosco por uns 15 segundos e sai rapidamente.

— Eu chamei a residente de psiquiatria. Ela já está a caminho.

Outros quarenta minutos se passam vagarosamente. Uma luz pálida emana dos longos tubos de luz no teto. O papel que protege a mesa de exame está em frangalhos por causa da agitação de Sally.

A residente de psiquiatria chega: estatura baixa, idade por volta dos 30 anos, as lentes dos óculos presas com fita adesiva. Educadamente pede que nos retiremos para que possa conversar em particular com Sally.

Cinco minutos depois, ela aparece e me encaminha para uma pequena sala sem janelas, na verdade uma despensa abarrotada de sacos de soro hospitalar, luvas de exame, algodão esterilizado, refis de sabão... Sentamos de frente um para o outro em cadeiras dobráveis, nossos joelhos quase se tocando.

Quando foi a primeira vez que percebi que Sally estava agindo de forma estranha? Conto a ela sobre as recentes noites insones, o poema sobre "o poderoso hálito do inferno", a lata de lixo chutada na manhã anterior.

— Ela ainda não estava incoerente, sabe?

E então, desconfortavelmente consciente do quão desatento eu devia parecer, acrescento:

— Acho que meu limite para comportamentos incomuns é elevado.

Imediatamente me arrependo dessa declaração também. Temo que meu próprio discurso venha a me incriminar mais tarde. Mas por que crime, exatamente?

— Não é incomum — diz a residente — que esse tipo de distúrbio irrompa de repente, do nada, como uma febre. É um choque quando isso acontece; posso imaginar como você se sente.

Olho para ela com gratidão, mas nossa proximidade física faz com que isso seja constrangedor.

— É possível que o distúrbio de Sally venha se desenvolvendo há algum tempo, ganhando força, até que simplesmente a dominou.

Quando pergunto que "distúrbio" é esse, ela me dá um sorriso amarelo.

— Como chamamos o distúrbio de Sally não é o que importa agora. Com certeza, estão presentes muitos dos padrões de bipolaridade 1. Mas 15 anos é relativamente cedo para um quadro de mania fulminante se manifestar. O que sei é que sua filha está muito doente. Aconselho enfaticamente que ela seja internada para que possa receber o tratamento necessário.

— Na enfermaria psiquiátrica?

Ela confirma com um breve aceno de cabeça, e imediatamente me sinto frustrado. Apesar da gigantesca evidência em contrário, desejava ardentemente um indulto de última hora. Minha primeira linha de defesa, drogas, havia desmoronado, mas por que não um distúrbio metabólico raro, como a porfiria do rei George, que podia ser combatida com um regime alimentar severo? Ou uma disfunção glandular, o caos da transformação que marca os 15 anos das meninas? Ouvir o veredicto real é devastador. Mas até onde este veredicto é o derradeiro? Como ela poderia ter feito tal diagnóstico com exatidão no espaço de cinco minutos, como se estivesse identificando um caso de faringite ou bronquite?

A residente pede licença e retorna alguns segundos depois trazendo uma pilha de papéis para mim.

— Como sua filha é menor de idade, precisamos de seu consentimento para interná-la.

Ela tira do bolso lateral uma caneta, na qual se lê "Risperdal, o mais recente antipsicótico", e também me entrega.

Cada página estava marcada com um X onde devo assinar meu nome. Mas se o fizer, o que isso vai significar? Não posso conceber Sally como uma doente mental; minha cabeça se recusa a aceitar isso. Tenho uma ideia do tratamento ao qual ela será submetida: um poderoso coquetel narcoléptico, quimioterapia cerebral. Já vi os resultados desse coquetel; todos já vimos. Não consigo imaginar Sally entorpecida desse jeito: observando o mundo detrás de um escudo de plástico arranhado à prova de balas.

— Preciso de um minuto, doutora.

— Use o tempo que precisar.

Volto à sala de exame para discutir o assunto com Pat, ainda com a esperança de descobrir uma maneira de levar Sally para casa. Uma enfermeira está tirando seu sangue. Quando ela remove a agulha, uma única gota cai no vestido de Sally: uma alongada mancha carmim.

— Olha o que você fez! Limpa isso! Limpa isso de mim! Agora!

Ela esfrega a bainha do vestido na cara da enfermeira, prova de seu crime abominável. Sua expressão é de uma homicida, como se o sangue fosse uma mancha de excremento corrompendo tudo pelo que ela vem lutando, sua pureza, sua visão, instantaneamente contaminadas. Sally treme loucamente. O que ela tem experimentado, percebo, é um triunfo frágil e aterrador sobre as incertezas, e aquela mancha de alguma forma colocava em questão esse "triunfo". Era o prenúncio da queda, a lagarta na roseira ameaçando seu botão em flor. E Sally não permitiria isso.

— Tire isso de cima de mim! — Ela berra como se sua vida dependesse disso.

— Limpe você mesma, minha querida — diz a enfermeira. Inabalável, ela guarda um tubo com o sangue de Sally no bolso e sai porta afora.

Pat retira um papel toalha do suporte de metal na parede, o umedece e esfrega na mancha, que se dilui em uma grande área esmaecida.

Sally continua berrando.

Eu a repreendo para que se cale.

Pat levanta a cabeça questionando, esgotada. O que fazemos agora?

Sally olha para mim por um átimo de segundo como se não me conhecesse. Em seguida, inesperadamente, fala de modo suave e operisticamente trágico. Com afagos prolongados e exagerados, ela acaricia meu rosto com as costas da mão.

— Pobrezinho do papai. Tentando reaver sua genialidade perdida. Quando tudo o que precisava fazer era vir até mim. Estava logo aqui, debaixo do seu nariz.

E irrompe em lágrimas.

Conformado, preencho os formulários de consentimento e agradeço à residente por sua paciência.

— Sem problema — responde ela. — Basta entregar no setor administrativo seu cartão do seguro.

Meu cartão do seguro. Durante a confusão do dia, eu evitara pensar sobre esse detalhe: Pat recentemente deixara de dar aulas e nosso seguro prescrevera. Sem catástrofes aparentes no horizonte (então não sabíamos que catástrofes estão sempre no horizonte?), procuramos meses por um plano de assistência médica. Sobre uma prateleira em nosso apartamento, uma pilha de folhetos de planos de saúde juntava poeira.

— Sem cobertura? Nenhuma? — pergunta o administrador.

Volto-me para a residente:

— Qualquer que seja a despesa, eu vou pagar. Dou minha palavra.

— Aparentemente, sua palavra é tudo o que você pode me dar.

Ela se afasta um pouco, ligeiramente trêmula, e vai confabular com outro residente: homem, também jovem. Sinto-me como um peixe enrolado nos classificados de um jornal velho quando ele me olha de alto a baixo. Repito minha promessa:

— Pagarei cada centavo.

Dessa vez falo com uma sinceridade retumbante. Sustento seus olhares: sou um sujeito correto, um pai zeloso que por acaso se encontra temporariamente sem seguro...

Ela agarra a caneta, assina os formulários e, dando um suspiro, afasta-se rapidamente.

A ambulância está esperando, uma extravagância desnecessária. Pat e eu poderíamos tranquilamente levar Sally de táxi para a clínica psiquiátrica, que fica a dez quarteirões. No entanto, agora que ela é oficialmente uma paciente, os procedimentos padrão são obrigatórios. (Mais quinhentos dólares na minha conta.)

Enquanto os paramédicos a amarram na maca, Sally discorre sobre a natureza penetrante da luz, a leveza da luz, a genialidade em todos nós...

Os paramédicos erguem a maca para dentro da ambulância e a travam. Presa como uma múmia, vidrada no teto da van, Sally está alegre e tranquila. Eu e Pat entramos depois dela. São 2h14 da madrugada. A rua está tão calma que posso ouvir o East River, cerca de trinta metros adiante, precipitando-se contra a barragem de concreto. As portas trepidam fechadas.

Deslizamos pelas ruas desertas do East Side, sem sirene, sem leis de trânsito, em uma noite espessa e escura. A ambulância para em um prédio de tijolos brancos indistinto, espremido entre outros dois monstrengos similares da década de 1960. O prédio desperta minha memória: tenho a estranha sensação de já ter estado ali antes, mas não consigo determinar quando ou por quê.

No quinto andar, passamos por duas sólidas portas de aço, cada uma com um minúsculo visor retangular. Uma enfermaria com fechaduras duplas.

Uma equipe fantasmagórica do turno da noite, composta só de mulheres, está a serviço, um grupo rigoroso. Ignorando a mim e a Pat, elas imediatamente se ocupam de Sally, seguindo os procedimentos em detalhes minuciosos. Contato físico: mínimo. Tom de voz: brusco, imperativo, mas não indelicado. Qualquer autoridade que eu possa ter tido está anulada: Sally pertence a elas agora. Se a tendência da residente era nos inocentar pelo distúrbio de Sally com argumentos médicos, as enfermeiras parecem nos ver como vetores de instabilidade: na melhor das hipóteses, incompetentes como pais; na pior, suspeitos de também sermos portadores de transtorno mental. Minhas reivindicações em relação à Sally, aflitas e conflitantes, claramente as incomoda. No que lhes diz respeito, quanto antes sairmos de sua enfermaria, melhor poderão fazer seu trabalho.

Elas conduzem Sally para um quarto minúsculo. Uma janela com grades, desproporcionalmente larga, avulta-se sobre a cama estreita: um quadro surrealista em que o sonho é gigantesco e o sonhador, irrelevantemente diminuto. Começo a segui-las para dentro do quarto, quando uma das enfermeiras me barra com um gesto e fecha a porta. Lembro-me de minhas restrições, alguns anos atrás, como intérprete de espanhol-inglês na Corte Criminal de Manhattan. Quando os oficiais assumiam a custódia de um réu detido, eles o faziam com uma solicitude tão peculiar quanto aquela demonstrada pelas enfermeiras: com cuidado para não danificar aquilo pelo que não nutriam qualquer sentimento em particular.

Eu e Pat esperamos inutilmente no corredor. O lugar está em silêncio, dúzias de pacientes dormindo seu sono medicado atrás de fileiras de portas bege. Na parede perto do posto das enfermeiras, há um quadro branco com lembretes sobre os privilégios dos pacientes. "D" pode sair para fumar (Nível 3). "R" pode comer em restaurante com um parente visitante (Nível 5). "M" está sob vigilância 24 horas. O vídeo de amanhã será *Um peixe chamado Wanda*.

Sally sai do quarto vestindo uma camisola hospitalar fina com botões de pressão, sem laços ou cordões. De repente, ela parece imortal. A única outra vez em que a vi no hospital foi na noite em que nasceu. Naquela altura de meu casamento, eu e sua mãe éramos como duas pessoas bebendo sozinhas em um bar. Não que houvesse hostilidade, apenas um enorme distanciamento. Ainda assim, quando Sally nasceu, fomos tomados por um enorme otimismo, um otimismo físico, primitivo e momentaneamente cego. Ela era sua própria verdade, completa em si mesma, tão benfeita que as exaustas enfermeiras da maternidade se maravilharam com tal perfeição que acabara de chegar ao mundo.

Embora nunca tenha pisado em um hospital psiquiátrico, Sally tacitamente sabe que aquelas mulheres a compreendem, sabe que ela está no lugar ao qual pertence. Ela age como se um grande fardo houvesse sido retirado de si. Ao mesmo tempo, está mais sublime do que nunca: um olhar feroz, resplandecente. Em 1855, um amigo de Robert Schumann o observou ao piano em um asilo próximo a Bonn: "Como uma máquina com engrenagens quebradas, mas que ainda tenta funcionar, sacudindo convulsivamente." Sally parece caminhar em direção a esse mesmo ponto mutilado de eterno movimento. Sua única preocupação é conseguir sua caneta de volta, que foi confiscada junto com a maior parte de seus outros pertences — cinto, fósforos, cadarços, chaves, qualquer coisa com vidro e o pente com metade dos dentes quebrados por seu cabelo espesso. Ela começa uma agitada negociação com as enfermeiras, a qual imediatamente ameaça transbordar e virar uma cena crítica. As enfermeiras trocam ideias como juízes depois de uma ação controversa. Em seguida, elas lhe dão uma caneta hidrocor e a encaminham de volta ao quarto.

Com garantias de que teremos permissão para visitá-la no dia seguinte, elas nos enxotam para fora pela porta de fechadura dupla.

No saguão, de novo tenho a sensação de já ter estado naquele prédio, mas a lembrança me escapa antes que eu consiga compreendê-la.

De volta à Bank Street, o aparelho de ar-condicionado não funciona: esqueci de comprar fusíveis. Pat deita-se nua em nossa cama. Deito-me ao seu lado, fecho os olhos e logo estou sentado, meu sangue pulsando.

Bem desperto, vou até a sala de estar. O apartamento parece a sombra de um lar, provisório, estranho, reproduzindo a mera impressão de nossas vidas. As janelas estão apodrecidas; no último inverno, uma das vidraças despencou como um dente carcomido, por pouco não acertando um homem que estendia roupas na lavanderia cinco lances abaixo. Após descobrir que a madeira estava decomposta demais para aceitar massa de vidraceiro, reforcei cada vidraça com fita adesiva. O lugar está literalmente remendado.

Nosso contrato de aluguel é precário da mesma maneira. Em troca de um salário abaixo do preço de mercado, eu realizo várias tarefas para o dono do prédio, como ficar de olho nas avarias do aquecedor e me apresentar nas agências da prefeitura para responder por regras ou impostos vencidos. Sou proibido de fazer melhorias substanciais no apartamento ou mesmo de levar alguma nova peça de mobília — segundo a teoria do proprietário, isso poderia fazer com que começássemos a pensar no apartamento como sendo nosso. O dono é um amigo de escola, e nosso acordo de moradia bizantino era do tipo que notabilizou Nova York: antes essencialmente contrário às regulamentações do que propriamente ilegal. O preço de ser freelancer. Mas a que preço para Sally? Eu fracassei em disfarçar minhas preocupações, vivendo segundo os caprichos de um homem que, conforme nosso próprio acordo, pode nos expulsar amanhã.

Certamente, Sally teria internalizado essa instabilidade no centro de nossas vidas.

Continuo a imaginá-la no hospital, com aquela camisola, segurando a caneta hidrocor pela qual havia lutado. A residente estava certa, nós não tínhamos escolha. Mesmo assim, não consigo parar de pensar em Sally como uma prisioneira naquela enfermaria trancada onde a coloquei.

A filha de James Joyce, Lucia, certa vez disse ao pai que ela era doente mental por ele não ter lhe dado moral alguma.

"Como posso lhe dar algo que eu mesmo não possuo?", foi a resposta pesarosa de Joyce. Lucia tinha sido variavelmente diagnosticada como portadora de esquizofrenia e transtorno afetivo bipolar com ciclos rápidos, mas Joyce insistia em que seus distúrbios mentais não eram nada além das dores de crescimento de uma menina dotada. Com uma credulidade que pode ser interpretada como uma tentativa de proteger a ambos da verdade, ele aceitava o que quer que ela lhe dissesse como verdade, chegando, em certa ocasião, a ponto de banir todos os visitantes homens de sua casa, pois Lucia os acusava (a todos) de tentarem seduzi-la.

Um dia, na Gare du Nord em Paris, tornou-se impossível continuar ignorando que algo estava seriamente errado. Com as malas já no trem, Lucia teve um ataque de raiva espontâneo, gritando a plenos pulmões por 45 minutos, enquanto seus pais a observavam impotentes. Logo depois, em uma festa em sua homenagem, ela teve um colapso no sofá, onde permaneceu por dias, de olhos abertos e catatônica. Lucia atirava móveis em sua mãe, Nora, o principal alvo de sua fúria. Enviava telegramas para pessoas mortas, incendiou seu quarto e desapareceu nas ruas por dias.

Joyce culpava a si mesmo impiedosamente pelos problemas da filha. Acreditava que Lucia era uma vítima de sua existência monomaníaca. Ele a havia arrastado por toda a Europa, vivendo em uma sucessão de pequenos apartamentos e hotéis, transformando-a em uma mulher sem idioma ou residência fixa — uma alma poliglota e sem raízes. Uma característica de sua psicose era a propensão a falar por neologismos e trocadilhos, que terminava como um balbuciar incompreensível, quase infantil. Ninguém entendia o que ela dizia. Exceto Joyce. Ele a escutava com atenção, respondendo com o máximo de seriedade e respeito, parecendo penetrar na dinâmica adulterada de sua mente com uma afinidade intuitiva que muitas vezes deixava os outros desnorteados e constrangidos.

Uma ideia difícil de resistir tomou conta dele: a de que sua obra *Finnegans Wake* havia penetrado na mente de sua filha, enlouquecendo-a. Ele criou essa obra como um romance sobre a noite do inconsciente (em oposição ao dia de *Ulisses*), um romance de associações e jogos de palavras noturnos que talvez represente a maior aproximação possível da literatura com o mundo velado da psicose, sem ser ele mesmo insano. Certamente aquilo havia precipitado a expressão secreta de Lucia. "Qualquer centelha de talento que eu tenha", dizia ele com amargor, "foi transmitida a ela e incendiou sua mente."

Tal superstição tinha raízes na empatia quase telepática que havia entre eles. Joyce compreendia instintivamente a solidão devastadora do distúrbio de Lucia. A loucura nos desvirtua da linguagem comum da vida, a linguagem que Joyce também havia abandonado ou superado. Todos tememos que em algum momento "nosso" mundo e "o" mundo se distanciem irremediavelmente. A psicose é a realização desse medo. Como no caso do paciente maníaco submetido ao teste do detector de mentira que, ao ser perguntado se era Napoleão, responde "não", e o aparelho registra que ele está mentindo. A imersão de Joyce na dinâmica da mente de Lucia era uma tentativa de salvá-la dessa mentira dupla, um esforço de mostrar à filha que ele também falava sua língua. E se ele falava sua língua, então como ela poderia ser insana ou estar sozinha?

Culpado, Joyce reverteu a equação de seu relacionamento, transformando Lucia no ser superior. "Sua intuição é espantosa", afirmava ele, embora somente ele fosse capaz de decifrá-la. Ela era "a escolhida", uma inovadora, pressagiava uma nova literatura.

Esse foi seu último argumento de defesa contra a desesperança. Em 1936, aos 29 anos, Lucia foi levada em uma camisa-de-força. Joyce a visitava no hospital todo domingo, tentando animá-la com presentes e frases em latim. Mas seu coração estava partido. Passou a beber mais, além do vinho costumeiro da noite, e a tomar Pernod à tarde. Em várias ocasiões sua mulher, Nora, o abandonou. Ele implorava aos prantos para que ela ficasse. "Eu me sinto como um animal que recebeu quatro pancadas violentas com um bastão no topo do crânio", exclamava ele. "Há momentos e horas em que não tenho nada em meu coração além de raiva e desespero, a raiva e o desespero de um homem cego."

Ele não dormia, e quando eventualmente conseguia pegar no sono, tinha pesadelos, acordando de repente como se estivesse sendo "enredado e então subitamente arremessado para fora da água como um peixe". Por um breve período ele também pensou estar ouvindo vozes. "Não vejo nada além de uma muralha sombria em minha frente", escreveu ele, "uma muralha ou um precipício, se você preferir, física, moral e materialmente."

Joyce gastou três quartos dos direitos autorais de *Ulisses* em busca de cura para Lucia, mimando-a com os mais extravagantes gestos, respondendo a um de seus surtos com um casaco de peles de quatro mil francos, pois acreditava que as peles de animais possuíam poderes de cura misteriosos. Em outra ocasião, ele pagou em segredo a publicação de um livro que ela ilustrara, para que a filha não pensasse que sua vida fora desperdiçada.

"De modo geral, acredite-me", escreveu ele à filha, "ainda existem algumas coisas belas nesse pobre e velho mundo." Depois, repreendendo-a por sua inércia: "Por que você sempre fica na janela? Sem dúvida, é uma bela cena, mas uma moça caminhando nos campos também compõe uma imagem bonita."

Informada sobre a morte do pai, em 1941, Lucia disse: "O que esse idiota está fazendo debaixo da terra? Quando vai resolver aparecer? Ele está nos observando o tempo todo."

Na primeira luz do dia, um alarme de carro dispara na Bank Street. Na cobertura vizinha, um senhor em trajes de banho femininos está deitado de barriga para cima sobre uma toalha.

Um pouco depois das 6 horas, o telefone toca.

— Seu filho da puta! Babaca arrogante! Eu odeio você. Você e sua maldita família. Espero que morram!

É meu irmão Steve. Ele bate o telefone na minha cara. Eu deveria tê-lo encontrado na tarde do dia anterior no supermercado, nosso ponto de encontro semanal, para comprar seu estoque de comida.

Ligo para ele, que deixa o telefone tocar nove, talvez dez vezes antes de atender.

— Nunca mais faça isso — digo.

— Desculpa, Mikey.

— Eu tive um imprevisto além de meu controle. Quando foi que deixei você na mão, Steve, me responda?

— Só agora. Essa foi a primeira vez.

— A primeira vez. Em dois anos.

— Você é incrível, Mikey.

— O supermercado abre às 8h30. A gente se encontra lá.

— Você é o melhor, Mikey. O melhor irmão do mundo.

Ainda estou esperando Steve do lado de fora do supermercado às 8h50, morrendo de medo de que ele e Sally sofram do mesmo problema, que suas doenças tenham alguma conexão hereditária que por fim se tornará evidente. Mas qual seria o "distúrbio" de Steve? Ele nunca teve um surto completo como Sally e tampouco recebeu um diagnóstico definitivo. Diziam que ele era "esquizoide" nos anos 1960, "limítrofe" na década de 1980... "Desajustado crônico" é o termo usado agora para sua meia-idade sem esperanças. Eu não sei mais nada. Nunca soube. Cinco anos mais velho do que eu, Steve desde sempre foi incapaz de ser aceito socialmente. Talvez tenha sido a forma como veio ao mundo: um *shoteh*, segundo a designação do Talmude, um doente mental, o ônus de sua tribo.

Às 9h05, ele finalmente aparece. Em geral, não costumava se atrasar assim, mas estou muito embotado para repreendê-lo. Só consigo pensar em Sally. Seria essa uma versão de minha filha em trinta anos? Contestando tal possibilidade, continuo pensando nas diferenças evidentes entre eles; mas e se essas diferenças forem apenas manifestações diferentes do mesmo distúrbio? Ele está com uma aparência pior do que na semana anterior. Tem queimaduras de isqueiro nas pontas dos dedos, sua camiseta está suja e rasgada. Há uma série de pequenas erupções marrons em seu rosto. Quando pergunto o que são, ele diz:

— Insetos, parasitas. Eles se escondem debaixo da minha pele e se aproveitam de mim, Mikey, se aproveitam de mim!

Eu deveria estar atento para esses problemas, já que cuidava dele. Mas havia presenciado suas fobias por tanto tempo que não sabia avaliar sua gravidade. Nem o desejava naquele momento.

No supermercado, ele empurra o carrinho de compras, observando o lugar atentamente, até chegar à seção em que o chá está exposto. A compra semanal de Steve consiste em cem saquinhos de Lipton (sempre Lipton), que ele mergulha em um pote de picles de um quilo, cinco saquinhos por vez.

Ele vasculha as prateleiras e hesita por um instante; então, percebe que o estoque de Lipton acabou. Seu lábio inferior despenca, um saco enrugado de desapontamento.

— Eles sabiam que eu vinha. Sabiam e tiraram o chá da prateleira.

— Quem sabia?

— As pessoas que trabalham aqui! Elas viram você me esperando lá fora e isso as alertou. Por isso tiraram o chá da porra da prateleira.

— Steve, olhe para aquele cara. — Aponto para um homem na seção seguinte, agachado sobre uma remessa de ração, arrumando as prateleiras. — Ele não está preocupado com você, ele tem seus próprios problemas.

Sinto Steve em alvoroço, pronto para rejeitar qualquer tentativa minha de contradizer suas suspeitas.

— Estamos com sorte, eles têm Tetley. Também é uma boa marca — digo.

Asseguro-lhe que a Tetley trabalha com os mesmos fornecedores da Lipton, nas montanhas da Índia e do Sri Lanka, cidades inteiras dedicadas a abastecer esses gigantescos compradores de chá.

— As duas marcas são absolutamente similares. Acredite em mim, você não está levando gato por lebre.

— Como é que você sabe?

— Sabendo — minto. — Eu li no *New York Times*.

— Está bem, deixa pra lá. Deixa pra lá essa merda! — Ele pega uma caixa de Tetley e a joga no carrinho.

Sigo Steve pelo supermercado enquanto ele escolhe o restante das mercadorias: ovos, pão, frutas, sopa, uma lata de fumo Captain Black. Na seção 4, ele apanha uma caixa de Advil.

— Compra isso para mim, Mikey, estou com muita dor. É minha língua. Parece um cobertor se debatendo em uma máquina de lavar, pesado e úmido. Está me enlouquecendo.

Eu já tinha ouvido aquela queixa antes. Os espasmos da língua, *discinesia tardia*, um dos efeitos colaterais de trinta anos de clorpromazina e as diversas gerações seguintes de remédios. Contudo eu nego; Advil não vai ajudar. E da última vez que ele teve Advil à disposição, tomou o dobro da dosagem diária máxima.

Pagamos as compras e voltamos para a rua, os aparelhos de ar-condicionado pingando de seus suportes nas janelas, o rio fervilhando a duas quadras, o Village parecendo um sufocante vilarejo estagnado. Perturbado por eu não ter comprado o Advil, Steve descansa as sacolas com as compras na calçada. Ele retira o boné de beisebol, a costura interna manchada de suor. Sua pele é muito fina e amarelada. Há um buraco escuro onde costumava ficar um dos dentes da frente do maxilar superior. Sua calça jeans está viscosa e encardida. Olhando para ele, lembro-me do menino que ficava sentado por horas no quarto escurecido a dois passos do meu. Ele era mais delicado do que o restante de nós, seus irmãos, com sua tez suave e seus grandes olhos tímidos. Lembrei-me de que eu ficava encantado com sua quietude quase de réptil. Mas o que haveria por trás daquela calma em um jovem então saudável?

— Precisamos lavar suas roupas — digo. E apesar de saber que ele vai gastar o dinheiro com Advil, cerveja ou alguma torradeira quebrada à venda na rua, dou-lhe vinte dólares para a lavanderia.

Steve olha para o dinheiro taciturno, enrolando as alças de plástico das sacolas de compras nos dedos.

— Você lembra que papai costumava dizer que eu não conseguia lidar com as pessoas porque nunca tentava? Bem, estou tentando agora, irmãozinho, estou tentando. Você vai ver.

Ele me dá um sorriso de despedida, pega as sacolas e sai correndo Hudson Street acima, seus olhos inspecionando ao redor como se estivesse sendo perseguido.

Fico observando-o se afastar, me perguntando o que ele quis dizer com aquelas palavras, embora não deseje descobrir. Vou fazer compras para ele novamente na semana seguinte. Já são quase 11 horas. Falta uma hora para o horário de visitação da enfermaria psiquiátrica.

Volto para o nosso apartamento. Pat está sentada à mesa, tomando café. Ela parece exausta e preocupada.

— Tentei falar com Sally pelo telefone — diz. — Não me deixaram falar com ela.

— Ela estava dormindo?

— Eles não disseram.

Ela arrumou uma valise para Sally: pijamas, uma escova de dentes, xampu, chinelos... gêneros inofensivos de primeira necessidade para seu confinamento.

Chamamos um táxi e chegamos à clínica, onde pacientes e funcionários do hospital fumam em grupos autossegregados na entrada. São 11h50. Em dez minutos começa o horário de visitação. Esperamos no saguão: chão de linóleo cinza, girassóis de Van Gogh nas paredes. Exatamente ao meio-dia entra uma enorme família de judeus hassídicos, um homem barbudo caminhando à frente, as franjas com nós de seu xale de orador para fora da camisa. Ele acena com a cabeça para o segurança e a família entra no elevador, carregada de sacolas de comida.

Eu e Pat os seguimos, mas o segurança nos para.

— Estamos aqui para ver nossa filha — informo-lhe. — Sally Greenberg. Ela foi internada ontem à noite.

Ele desaparece em um pequeno nicho e faz uma ligação de uma cabine. Depois, volta-se para nós:

— Vocês não podem subir agora. Alguém descerá para explicar. Esperem aqui.

Esperamos, em pé, até que sai do elevador uma mulher de constituição robusta, chaves penduradas em um cordão de couro em volta do pescoço e um broche na lapela da jaqueta: "Local 1199", sindicato dos funcionários de hospital, um dos mais duros da cidade.

— Sally não pode receber visitas hoje — diz ela. — Está muito agitada. Precisa de um tempo até se acalmar.

— Mas nos prometeram que poderíamos vê-la. — Sinto-me entrando em uma zona de impedimento, de quase paralisia. Confiamos Sally a pessoas erradas, não sabemos o que estão fazendo com ela, eles não querem que saibamos...

— Vocês nos prometeram... noite passada... quando a internamos nessa enfermaria. Se desconfiássemos disso, nunca teríamos...

— Eu não prometi nada. Não estava de serviço ontem à noite. Como disse, ela precisa de mais tempo.

— Quanto tempo?

— Isso é com o médico.

Ela permanece de pé com as pernas firmemente posicionadas, os braços cruzados por cima das chaves, o segurança logo atrás, numa familiar posição de controle, pronto para uma cena.

— Então nos deixe falar com o médico.

— Vou ver o que posso fazer. É um fim de semana de recesso, muitos funcionários estão de folga.

Ela aperta o botão do elevador e a porta se abre de súbito, fazendo barulho. Uma cabine vazia. Observamos pelo painel ela subindo. Quinto andar, a enfermaria de Sally, um mundo misterioso no qual de repente somos barrados.

Atordoado, eu me sento, o segurança me observando com o canto dos olhos, enquanto mais visitantes chegam: um jovem casal asiático, ambos belos e aprumados; um *hipster* tardio de meia-idade, integrante da tribo urbana dos modernos e descolados; uma mulher infeliz em um terno de linho dourado... Todos são autorizados a subir. Somos os únicos excluídos. Tento imaginar a enfermaria de Sally, as portas de aço com fechaduras duplas, o quarto semelhante a um cubículo, o quadro branco com o status de cada paciente: Sally Greenberg. Sem Privilégios. Sem Visitas. Nível Zero. Nas raias da loucura.

Por fim, desce o médico, quase 50 anos, com o vago ar de frivolidade que eu aprenderia a reconhecer em muitos psiquiatras que já estavam havia tempos na prática dessa profissão. Ele explica que está apenas fazendo uma substituição durante o fim de semana, que as decisões de longo prazo sobre o diagnóstico e o tratamento de Sally serão tomadas quando a equipe permanente retornar ao trabalho na terça-feira. Em seguida, ele respondeu à nossa principal questão, nossa única questão de fato.

— Ela está em isolamento. No que chamamos de Quarto do Silêncio.

— Você quer dizer que ela está presa — diz Pat.

— Ela não está sem supervisão. Uma equipe a examina a cada 15 minutos. É para o seu próprio bem.

Parecendo estremecer com o clichê, ele se senta perto de nós, na ponta de uma cadeira, menos formal do que triste, uma pessoa tarimbada em dar notícias ruins.

— Tão logo ela ultrapasse a fase atual, terá permissão para se juntar aos outros pacientes. Talvez sejamos obrigados a esperar alguns dias ou apenas algumas horas. Gostaria de poder ser mais preciso.

Permissão. Obrigação. O linguajar do castigo. Da custódia. Meu coração está apertado. Quão pior do que na noite passada ela pode estar? Onde aquilo tudo vai acabar? Minha filha em isolamento, o antigo local de confinamento, proveniente das masmorras e dos fossos com barras no chão. A única coisa que posso fazer é revogar meu consentimento para sua internação. Mas será que realmente podemos levar Sally para casa? Imagino Pat e eu conduzindo-a pelo saguão até um táxi. E então, o que acontecerá? Não temos um quarto de isolamento, não temos treinamento, nem sedativos ou medicamentos... O súbito peso do fato me paralisa: precisamos daquele lugar.

Pergunto sobre a possibilidade de vê-la.

— Não seria uma visita — explico. — Gostaríamos apenas de olhar para ela e ter certeza de que está bem.

— Desculpe, a política do hospital não permite. — Ele encolhe os ombros ambiguamente, abaixando os olhos. — Você pode não acreditar, mas está fazendo a coisa certa. A única coisa possível. Sally é uma menina. Alguém poderia se aproveitar dela no seu estado atual. Interpretá-la mal. Se fosse minha filha, eu lhe daria exatamente o mesmo tratamento. — O médico caminha em direção ao elevador, deixando para trás nosso desespero (de modo profissional, não cruel, um ato de autopreservação). — Logo o medicamento começará a fazer o efeito esperado — diz ele, em seguida sobe para a enfermaria.

Pat parece abalada, mas controlada, engolindo o choro. Concordamos em não ir embora. E se eles decidissem nos deixar vê-la e não estivéssemos ali?

Resolvemos dar uma volta no quarteirão para matar o tempo. Uma rua qualquer na extremidade leste do traçado de Manhattan, igual a todas as outras em volta. Uma mulher entra em uma lavanderia, apresenta ao homem atrás do balcão um cupom vermelho e recebe uma caixa embrulhada com uma fita, talvez contendo sua blusa limpa e renovada, impecavelmente dobrada, um presente para si mesma.

Ao retornarmos, nada mudou. Os visitantes estão indo embora: a família hassídica, o *hipster*. Alguns pacientes se afastam para fumar, aqueles privilegiados, como eu os vejo, os olhos pesados, sem foco, como fotografias imprecisas de si mesmos.

A enfermeira com o broche do sindicato desce durante seu intervalo, surpreendentemente simpática agora, como se tivéssemos passado em algum tipo de teste preliminar.

— Fiquem calmos, de verdade, voltem para casa. Vocês podem ligar sempre. Basta chamar por Cynthia Phillips, que eu os informarei como ela está passando.

Pat entrega-lhe a valise de Sally, uma bobagem, mas, ainda assim, nosso único ponto de contato no momento.

— Entregarei a ela. Mas vocês dois tenham calma. Estão com uma aparência péssima. Aquela menina vai precisar de vocês.

De volta à Bank Street, ligo para a mãe de Sally e dou-lhe a notícia.

— Não! Você não a internou, Michael. Você não fez isso!

Interná-la. A frase tem seu impacto. Lembro-me dela como uma ameaça de infância, em geral direcionada a meu irmão Steve: vamos ter de interná-lo. Você quer ser internado? Como algum objeto doméstico indesejado, que por vagas razões de laços morais não poderia ser completamente descartado, eu costumava pensar.

— É um hospital, Robin. Não tive escolha. Ela está muito doente.

Tento lhe dar uma noção das últimas 24 horas, mas como posso transmitir com precisão a extensão da transformação de Sally? Robin não parece me entender nem alcançar o que eu digo. E por que deveria? Eu também não seria capaz de dimensionar aquilo: nossa filha repentinamente fora de alcance, confinada com os casos mais graves em algum lugar assombrado onde nossa presença não é permitida.

Ouço risadas ao fundo, o afável marido de Robin repreendendo o cachorro. Imagino-os sentados na escada dos fundos de sua casa bucólica, os pés descalços.

— Michael, preste atenção. Você está aí?
— Sim.
— Sally está tendo uma experiência, Michael, tenho certeza; não é uma doença. Ela é uma menina muito espiritualizada, não sou a única a dizer isso. Tenho amigos, amigos com sensibilidade mediúnica, que a conheceram e dizem o mesmo. Uma amiga me contou que Sally irradia uma energia maior do que ela pode suportar. Ela nunca sentiu nada

parecido. E ela não é uma charlatã, Michael, como sei que você está pensando. É apenas uma pessoa como eu ou você, com um dom para ver o que a maioria de nós não consegue. O que está acontecendo agora é uma fase necessária na evolução de Sally, sua jornada em direção a uma esfera mais elevada.

Sua evolução. Sua jornada. Também quis acreditar nisso, à minha maneira, quando ela tremia com seus *Sonetos*, acordada a noite toda. Quis acreditar no seu progresso, na sua vitória, no desabrochar tardio de sua mente. Mas como alguém consegue distinguir a "loucura divina" de Platão de um falatório desarticulado? O *enthousiasmos* (literalmente, ser inspirado por um deus) da insanidade? O profeta do "louco clínico"?

Apesar de perceber que Robin quer desligar, prolongo nossa conversa.

— Aqui é tão bonito — diz ela. — Uma tranquilidade absoluta. As montanhas parecem de nuvem. Estou pintando de novo.

Sua voz parece com a de Sally antes de aquilo tudo começar; as inflexões e pausas similares me dão a estranha impressão de estar em contato com minha filha. Uma ilusão momentânea.

Adormeço no sofá e acordo de repente, como se tivesse sido lançado de um canhão. Fico me lembrando de Sally quando criança, sua teimosia, sua ternura, seu temperamento explosivo que em geral me deixava exasperado e, às vezes, assombrado. Depois, a caneta na mão, a masmorra onde os maníacos ficam detidos. Isolada atrás de várias portas trancadas. Separada até mesmo daqueles que foram confinados longe do mundo.

Pat andava pelo quarto, também incapaz de dormir. Ficamos sentados juntos no escuro.

— Será que ela mudou tanto assim ou eu é que nunca a conheci? — divago.

— Você a conhecia. E continua conhecendo. Ela não foi embora — diz Pat.

Continuo me fazendo a pergunta óbvia e inútil. Como isso foi acontecer? E por quê? As pessoas têm câncer ou Aids, mas *são* esquizofrênicas, *são* maníaco-depressivas, como se fossem atributos inatos do ser, parte do espectro humano, tão incuráveis quanto o temperamento ou a cor dos olhos de alguém. Como algo tão inerente podia ser uma doença tratável? E como alguém vencia essa doença sem anular a si mesmo?

Às 8 horas, quando começa o turno da manhã, ligo para a enfermaria de Sally. A mulher que atende está cautelosa. Ao perguntar por Cynthia Phillips, ela diz:

— Cynthia não está disponível agora — e desliga o telefone.

Às 11 horas, voltamos ao hospital e ficamos sentados nas mesmas cadeiras de plástico. O segurança não dá qualquer sinal de lembrar quem somos. Ao meio-dia, no entanto, vem falar conosco.

— Vocês podem subir. Quinto andar.

Sally está transformada de novo, deitada na cama como se tivesse acabado de cair do céu, os cabelos espalhados em desordem ao seu redor. Sento-me ao seu lado, chamo seu nome. Passam-se minutos sem uma resposta. Chamo-a novamente, toco seu ombro. Ela abre os olhos com grande esforço, levanta um pouco a cabeça e dá um grande bocejo, em câmara lenta.

— Eles acham que sou maluca... você disse a eles que sou maluca? Você estava com tanto medo, papai, que me trancou aqui?

Sua intenção é se mostrar indignada, mas sua voz está abafada e pastosa como um LP empenado. Eu e Pat nos entreolhamos, surpreendidos. Uma gigantesca apatia emana dela. Sua cabeça tomba no colchão. Seus olhos se fecham contra sua vontade, como se de repente ela ficasse cega.

— Eles roubaram minhas palavras — balbucia.

Quando lhe perguntamos o que quer dizer, ela franze os lábios e solta uma gargalhada irritada e maliciosa, um vislumbre do seu eu psicótico que me embrulha o estômago. Ela está, claramente, a um passo de uma segunda metamorfose, tão violenta quanto a que a levou para lá. Ela se sentou, os olhos oscilando com um brilho febril, entrando e saindo de foco, como se por trás deles se travasse uma batalha pela supremacia de seu ser.

Tento me comunicar com ela repetidamente, estabelecer algum ponto de entendimento entre nós (qualquer um serviria: um comentário sobre o tempo ou sobre o céu do lado de fora da janela gradeada que avulta sobre sua cama), cada fracasso me golpeando como se fosse a primeira vez.

Pat tem mais êxito, mas não muito. Ela pergunta:

— Tem conseguido dormir, Sally?

— Não tenho certeza — é a resposta atrasada e distante.

Após algum tempo, ambos paramos de tentar e ficamos os três sentados no quarto, como se fôssemos passageiros no vagão de um trem. Seguro sua mão.

— Sally, estamos cuidando de você. Vai ficar tudo bem.

Ela dá uma risada sem som, que abruptamente se transformou em um gemido.

Um enfermeiro entra para verificar sua temperatura e pressão. O quarto é tão pequeno que, para abrir espaço para ele, precisamos nos afastar para o lado da porta.

— Trinta e sete — informa-nos ele, quando o termômetro emite um pequeno som digital. — Perfeitamente normal.

Depois que o enfermeiro se retira, Pat entrou em ação. Ela tira de sob a cama a valise que deixamos com a enfermeira Phillips na noite anterior. Evidentemente foi revistada.

— Eles levaram o fio dental — diz Pat. — E a loção, provavelmente porque o recipiente era de vidro. Eu devia ter previsto.

A camisola hospitalar de Sally está retorcida em volta dela, metade dos botões abertos. O plano é dar-lhe um banho e vesti-la com pijamas novos. Pat a conduz para fora da cama em direção ao banheiro, expulsando-me do quarto.

Ocupando o corredor na saída do quarto ao lado, estava a família de judeus hassídicos que vimos no saguão. Há pelo menos oito deles, as mulheres com saias longas, as cabeças raspadas cobertas por perucas e véus ritualísticos, os homens com *peiots* ou cachos de cabelo laterais e chapéus pretos. Todos estão comendo a refeição *kosher* que trouxeram, exceto o paciente, o *shoteh* da família, que estuda cuidadosamente e com vã intensidade um volume da Torá encadernado em couro preto, fazendo-me lembrar de Sally com os *Sonetos* de Shakespeare. A família o cerca como um rebanho protetor: a maldição da loucura carregada coletivamente pela tribo. Ou assim eu imagino. Sinto uma onda de admiração e inveja — pela solidariedade, pelo número de componentes, pela devoção que demonstram uns pelos outros diante daquela tempestade desnorteante. Se ao menos eu e Pat pudéssemos formar uma tropa semelhante em torno de Sally! Cumprimento um deles com um aceno de cabeça. Ele lança um olhar severo e desaprovador para mim, como se eu lhe tivesse feito algum mal, e se afasta rapidamente, quase enojado.

Mais adiante no corredor deparo com o Quarto do Silêncio, facilmente identificável mesmo sem a placa de sinalização na porta. "Isolamento". Uma pequena cela com luz fluorescente, paredes acolchoadas com uma espuma bege, um único colchão no chão. Clara, eficiente, entorpecentemente suave — um arremedo da câmara gótica que eu havia imaginado.

Um funcionário está apagando o que parecem ser palavras no chão, possivelmente rabiscadas com uma caneta hidrocor. A enfermeira Phillips passa por mim as chaves balançando. Sorri e continua andando sem parar.

Durante os dias seguintes, eu juntaria os pedaços de informação (dados pelas enfermeiras, pelo psiquiatra assistente e, de forma fragmentada, pela própria Sally) sobre o que aconteceu depois que a deixamos na enfermaria naquela primeira noite. Agarrando a caneta que as enfermeiras haviam permitido que guardasse, Sally começara a escrever furiosamente em seu caderno. Ao mesmo tempo, o médico prescrevera sua primeira dose de haloperidol, um neuroléptico muito forte amplamente utilizado nos casos mais graves de psicose. O haloperidol provém diretamente da clorpromazina, a droga original da era psicofarmacológica.

Seu valor psiquiátrico é a capacidade de induzir à indiferença. ("A lobotomia química", como os psiquiatras a chamavam ao ser introduzida em 1952, referindo-se a um procedimento que se tornou obsoleto: a separação das fibras nervosas nos lóbulos frontais do cérebro com um picador de gelo doméstico inserido pelas órbitas oculares.) Se o excesso de convicção, a mania de grandeza e a fixação em ideias irracionais estão entre os sintomas de nossos delírios mais poderosos, então a indiferença pareceria um corretivo natural, se não uma cura.

A indiferença, no entanto, não é o único efeito dessas drogas — elas também rompem grande parte do processo de pensamento lógico. Ao tomar clorpromazina, o poeta Robert Lowell não era capaz de formar uma palavra de três letras num jogo de palavras cruzadas nem de acompanhar a contagem de pontos em uma partida de beisebol pela televisão. Sally experimentaria uma paralisia intelectual similar. Ainda assim, as drogas são necessárias, pois constituem a única forma de tirar alguém das garras da psicose aguda. A prescrição de haloperidol para Sally foi a resposta médica para uma situação de emergência. Peter C. Whybrow, em seu livro *A Mood Apart* [Um humor em particular], descreve pacientes com "crises fulminantes", como a de Sally, "que morreram subitamente de exaustão maníaca".

Como constatamos depois, ela estava mais perto do abismo do que pensamos. O haloperidol bloqueia a produção de dopamina, o neurotransmissor cuja presença em excesso no cérebro era responsável (em termos puramente químicos) por seu comportamento adulterado. A reação inicial do cérebro a esse bloqueio, entretanto, era produzir mais dopamina, com mais rapidez (uma tentativa de compensar o incisivo choque repentino), de modo que a mania de Sally em muito pouco tempo atingiu as alturas, levando-a para níveis de psicose que ela talvez nunca tivesse atingido sem a medicação. Ela preencheu as páginas de seu caderno de anotações e continuou a escrever — no chão, nas paredes, nas portas. Seus pensamentos brotavam com uma velocidade insustentável. Mas "pensamentos" não é a palavra certa. Seriam mais explosões, como Sally descreveria depois; rompantes visionários em que a interconexão — a unidade — do mundo era revelada em instantes. Os hospitais se tornariam os lugares onde os gênios eram abrigados hospitaleiramente, as enfermeiras eram zeladoras, a enfermaria era a Palavra... Os zen-budistas chamam isso de satori, o raro instante em que um aprendiz é arrebatado pela totalidade do mundo de uma só vez. Mas o que arrebatou Sally foi um tipo de antissatori: seu instante de epifania foi subitamente estilhaçado pelo caos, para se reconstituir e autodestruir em seguida.

Após quebrar a ponta da caneta, ela escapou para o corredor, a urgência em se comunicar e iluminar as pessoas impulsionando-a em todas as direções imagináveis. Sally tirou da cama os pacientes que dormiam, agarrando-os pelos ombros e levando-os cambaleantes para o corredor. Somos membros de uma mesma força criativa, tentava explicar-lhes, gênios naturais, porque essa força é a encarnação da genialidade. No entanto, quando ela abria a boca para falar, não saíam palavras, mas uma série de gritos dissonantes, quase hesitantes.

Em resposta à confusão, a equipe da noite trancou-a no isolamento, onde ela permaneceu até o haloperidol eliminar com êxito a dopamina de seu cérebro — um processo que levou cerca de trinta horas.

Quando voltei ao quarto, Sally estava de banho tomado, vestindo o pijama fúcsia que minha mãe lhe dera no mês anterior como presente de aniversário de 15 anos. Sua cabeça repousava nos ombros de Pat, seus cabelos estavam brilhantes e molhados.

— Não sei quem sou — diz Sally.
— Algum dia você soube? — pergunta Pat.
— Não — responde ela, balançando a cabeça.
— Então nada mudou.

Às 19h30 ela é chamada por uma enfermeira. Hora do remédio. Sally se levanta e caminha para o corredor. Outro choque: dois dias atrás, ela serpenteava, flexível, lutando comigo e Pat até um impasse. Agora, ela caminha com passos parkinsonianos, hesitantes e enrijecidos (um efeito colateral do haloperidol, eu aprenderia; no livro *A Mood Apart*, Whybrow descreve como a dopamina ajuda a orientar o sistema motor, determinando a fluidez com que mexemos nossos braços e pernas. Com a dopamina bloqueada, os membros de Sally pareceriam feitos de madeira).

Ela entra na fila com os outros pacientes na frente de uma cabine onde os remédios são guardados. Um decoro silencioso impera; a conversa, quando há, é conduzida em um murmúrio quase inaudível. Juntamente comigo e com Pat, alguns poucos visitantes ainda circulam por ali. Mantemos distância uns dos outros, evitando trocar olhares, em um acordo tácito de não nos intrometermos. Temos algo em comum por que não ansiamos partilhar. E mesmo se nossa disposição fosse outra, sobre o que conversaríamos? Não existem emblemas de uma doença concreta na enfermaria psiquiátrica — nenhum tanque de oxigênio ou saco de soro hospitalar, nenhum monitor cardíaco ou curativo cirúrgico. Os sintomas parecem segredos íntimos; as causas são indefinidas; a cura, desconhecida.

Uma mulher negra, atraente, está em uma cadeira de rodas na frente de Sally na fila. Quando chega a sua vez, ela se levanta sem dificuldade, toma o remédio, conversa com a enfermeira. Com delicadeza e persuasão, a enfermeira sugere que ela tente caminhar sozinha até o quarto. Ao ouvir isso, as pernas da mulher imediatamente fraquejam e ela se prostra novamente na cadeira de rodas, a cabeça entre as mãos em um gesto de absoluta tristeza que parece obedecer às próprias leis da natureza.

Os comprimidos de Sally são entregues em um copinho com sulcos, como o chapéu de um chefe de cozinha. Ela toma os remédios na frente da enfermeira e se afasta.

— Os corredores são tão intrincados — diz ela na volta para o quarto. — Isso não é in-crível?

Às 20 horas nos pedem educadamente que deixemos o hospital. O horário de visitação acabou. Perguntamos a Sally se há algo que ela queira que levemos no dia seguinte.

— Alcachofras e chocolate — responde.

Ela sobe na cama, enrijecida, sua mania contorcendo-se sob a superfície como um gato preso em um saco.

Os hassídicos estavam no saguão. Para minha surpresa, aquele que havia fechado a cara para mim veio em minha direção.

— Não quero falar mal de sua filha. É uma boa menina e tenho certeza de que não pretende fazer nenhum mal. Mas ela está perturbando a paz de espírito de meu irmão. Na minha religião, o contato com mulheres estranhas é proibido.

A "paz de espírito" de seu irmão? Ele esqueceu onde estamos? Não gosto da forma como ele se refere a Sally, como uma "mulher estranha", como se estivesse maculada, como se fosse um demônio que estivesse desviando seu irmão do caminho da virtude. Da mesma maneira que não gosto da forma como ele usa o termo "minha religião", excluindo-me de uma prática na qual eu também fui educado, tendo passado oito anos lendo os livros de Moisés em hebraico, parte da minha dieta diária no ensino fundamental.

— O que ela fez para perturbá-lo?

Ele explica que ela invadiu o quarto de seu irmão. Colocou as mãos nele e o forçou a olhar em seus olhos.

— Ela não tem o direito de conversar com meu irmão sobre as crenças dele. Meu irmão é um homem abençoado. Ele atingiu o *devaykah* — acrescenta enigmaticamente —, o estado de comunhão constante com Deus. Diga à sua filha que o deixe em paz!

— Tenho certeza de que os funcionários estão preparados para lidar com essas questões — respondo com rispidez e peço licença para sair, ciente de que sua família nos observa pela porta.

Refletindo, no entanto, compreendo as razões do hassídico: ele não tem outra escolha a não ser acreditar que o irmão é abençoado; a alternativa bíblica seria a rejeição de Deus.

Quando Moisés anunciou as penalidades por desobedecer às leis de Deus, a loucura vinha em primeiro lugar, antes da cegueira e da pobreza, antes da morte das crianças, antes da guerra. Como o hassídico, tento improvisar minha própria área de proteção em torno de Sally. Mas tenho pouca fé — tanto na medicina como em Deus.

Deixando a fé para trás, James Joyce levou sua filha Lucia para se consultar com uma interminável sucessão de médicos, certo de que encontraria sua cura. Um médico deu a ela água do mar para beber. Outro prescreveu injeções com soro de glândulas bovinas. Em 1934, Joyce levou-a para ser examinada por Carl Jung em seu sanatório perto de Zurique. Submeter Lucia à psicanálise seria catastrófico, concluiu Jung. Para a análise ser bem-sucedida, era preciso a sanidade ferida do neurótico; era inútil no caso da psicose. Em vez disso, ele estava determinado a analisar o pai dela. A anima de Joyce, ou sua psique inconsciente, estava muito identificada com Lucia para que ele aceitasse o fato de que ela estava louca; para fazer isso, seria necessário que Joyce admitisse ser ele mesmo psicótico, acreditava Jung.

Era uma opinião questionável, mas não contradizia aquilo em que o próprio Joyce havia passado a acreditar: que de alguma forma inefável, ele era responsável pelo distúrbio de Lucia. Jung comparou pai e filha a duas pessoas indo para o fundo de um poço, uma caindo, a outra mergulhando.

Quanto mais Lucia caía, maior era a determinação de Joyce em afirmar a saúde mental da filha (na verdade, não mais louca do que ele). "Sua mente é tão brilhante e impiedosa quanto um relâmpago", garantia ele ao filho Giorgio. "Ela tem a sabedoria da serpente e a inocência da pomba."

Joyce a retirou da clínica de Jung e procurou sua cura em outro lugar. Inutilmente. Quatro anos mais tarde, ele dizia a Samuel Beckett que seus distúrbios mentais eram causados por uma infecção nos dentes. "Ela não é uma louca varrida", insistia ele. "Apenas uma pobre criança que tentou fazer e entender coisas em demasia."

Passei uma noite de altos e baixos na Bank Street, entre o temor pelo futuro de Sally e a esperança de que, de alguma forma, tudo voltasse ao normal.

Parte Dois

Quando eu e Pat voltamos ao hospital no dia seguinte, Robin está enroscada com Sally, envolvendo-a na cama estreita, as duas aparentemente dormindo. Mãe e filha, um quadro perfeito — a mãe com 1,83 metro, magra e esbelta, dócil de um jeito que me é muito familiar. Minha primeira reação é de alívio: a visão das duas nos braços uma da outra dispersa a ansiedade que eu vinha sentindo sobre a reação de Robin ao estado atual de Sally. Elas parecem ter passado direto para uma comunhão inesperada. A respiração tranquila das duas tem um quê de conto de fadas de satisfação.

— Como melhores amigas descansando depois de uma festa — sussurra Pat com indícios de ressentimento. Ela hesita na entrada da porta, um recuo involuntário: a madrasta instantaneamente rejeitada pela afirmação biológica de Robin.

Entramos no minúsculo quarto e nos acomodamos, encostados contra a parede, como as duas últimas pessoas em uma fila. O sistema de ar-condicionado da enfermaria havia quebrado no meio da noite. Em minutos, estamos brilhando de suor. Para além da janela com grades, o sol do meio-dia em seu mormaço parece um ovo posto por um pássaro gigante. Abaixo, o East River encrespa-se sob o elevado.

Suas crianças adormecidas
Entre tigres selvagens.

Quando éramos namorados na escola secundária, quase da mesma idade de Sally, eu e Robin costumávamos deitar juntos de maneira parecida, aconchegados um ao outro, e assim ficávamos por horas no apartamento do pai dela na Bleecker Street, no Greenwich Village, protegidos em nossa redoma adolescente.

Robin abre os olhos.

— Michael, meu Deus, não percebi que estava aqui.

Ela nos observava sonolenta da cama, cumprimentando Pat com um breve sorriso cujo intuito, creio eu, é transmitir solidariedade, mas que logo se desfaz.

— Eu peguei na direção às 4 horas da manhã e vim direto até aqui. Cinco horas. Não conseguia mais ficar longe, precisava ver minha filha, *nossa* filha, Michael, estava com tanto medo por ela, não sabia o que esperar. Depois da nossa conversa ao telefone e do incidente com a polícia com aquela história horrorosa das facas que precisavam ser escondidas... Achei que ela estivesse transfigurada ou algo assim. Mas olhe para ela, linda e meiga como sempre.

Ela aponta para Sally, deitada na cama, mais inconsciente do que tranquila, como se tivesse sido interrompida em seu caminho por uma arma de choque.

— Ela está sob forte medicação — explico, pensando na exaltação alucinante de alguns dias antes, na escrita pelo chão do quarto de isolamento, em todo o monstruoso espetáculo do qual Robin fora poupada.

Com cuidado para não despertar Sally, ela sai da cama e calça as sandálias. Vai andando com Pat pelo corredor em direção à sala de recreação, uma grande área comum onde os pacientes e visitantes passam o tempo.

— Já encontro com vocês — digo, e fico no quarto de Sally para não fazer nada além de ouvir sua respiração, refletindo sobre a incontestável realidade que constitui a massa de seu corpo efêmero, frágil e debilitado sobre a cama. Sou tomado por um torpor que imagino ser como o dela, um sono profundo, um distanciamento de mim e dela mesma, um repouso forçado que — tento me convencer — a trará de volta para mim.

Na sala de recreação, Robin e Sally estão tentando engrenar uma conversa. Pat invoca a "força de vontade" de Sally; Robin prediz que ela emergirá "renovada e mais forte do que nunca". Ao me juntar a elas, chamo a atenção para o fato de que no dia seguinte terá acabado o final de semana do feriado e que a equipe de funcionários estará trabalhando completa, Sally finalmente receberá todos os cuidados.

— Talvez ainda encontremos uma explicação simples para o que aconteceu. Um gatilho.

Um homem que vasculha a mesa de lanche no meio da sala abre uma barra de doce rasgando o invólucro com os dentes e engole tudo com a ajuda do ponche de frutas que está numa jarra de metal de quase um litro. Dois pacientes discutem sobre qual vídeo assistir. Um enfermeiro chamado Rufus aparece, um homenzarrão extremamente entediado. Ele confisca os vídeos e sintoniza a televisão em um canal de notícias 24 horas: o candidato a presidente Bob Dole marchando na parada de 4 de julho em uma cidade qualquer do Meio-Oeste, ladeado por barulhentos carros do corpo de bombeiros, bandas marciais e contingentes grisalhos de outros veteranos de guerra.

Rufus tira o som do aparelho, recusando qualquer contato visual com os pacientes. Como a enfermeira Phillips, ele usa o broche do Local 1199 proeminentemente na lapela do uniforme — o sindicato do setor de serviços, o sinal definitivo de sua separação daquele lugar, de sua independência, sua distinção. O broche parece dizer: *Sua loucura não pode me atingir. Agora, cadê minha aposentadoria?*

Em um canto da sala de recreação vejo o paciente hassídico, o *shoteh*, com sua comitiva. Parece mais agitado que na véspera, os lábios rachados e trêmulos, os olhos inchados com uma intensidade incansável. Ele aperta sua Torá de capa preta sobre os joelhos e mexe angustiadamente nas franjas de seu *tzitzis* — a vestimenta que os judeus ultraortodoxos usam sob a camisa como uma versão espiritual do colete à prova de balas. Volto no tempo até a cozinha de minha avó quando os membros da família hassídica retiram das sacolas a comida santificada: o aroma de *kasha*, mingau de cevada e peito de boi misturando-se ao cheiro rançoso da enfermaria. Seu *shoteh* sentou-se intencionalmente à parte, excluindo os familiares, orando em um murmúrio fervoroso. Uma senhora atarracada com um lenço na cabeça suplica para que ele aceite um prato de comida. Diante da recusa, ela coloca o prato debaixo da cadeira dele e se senta ao seu lado. Seu irmão aparenta impotência e esgotamento. Ao perceber que eu os observo, ele me lança um olhar furioso, com revigorada condenação. Deduzo a imagem que deve fazer de mim, com duas *shiksas*, ou seja, duas não judias: Robin, de formas longilíneas como as retratadas por Klimt e grandes olhos azuis; Pat, de cabelos curtos como os de um menino e postura de bailarina, o que para ele deve parecer a própria incorporação do orgulho pagão. A luta dele é para multiplicar, fazer perdurar e apressar a volta do messias. Se ele soubesse dos anos de estudo da Torá em minha infância, me desprezaria ainda mais como um *apikoros*, o pior tipo de traidor, pois eu havia sido criado para acreditar e depois, por vontade própria, dera as costas a Deus.

Para minha surpresa, Robin e Pat estão agora no meio do que parece ser uma animada conversa, uma troca de confidências, Robin com a mão sobre a de Pat num gesto de camaradagem — ou será para evitar que a outra a interrompesse? Estamos formando um círculo de proteção em torno de Sally, penso, assim como os hassídicos com seu *shoteh*. Constituímos uma unidade familiar monolítica, unidos pela nossa preocupação com ela, em harmonia, se entendendo.

— Olhem o que eles estão dando a ela para comer — diz Robin, apontando para a mesa de lanche cheia de pacotes de açúcar e bolinhos. — Não percebem como isso é errado? Como conseguem separar a saúde mental de uma pessoa do bem-estar de seu organismo como um todo? — E voltando-se para mim, para aproveitar o ensejo: — Isso é a definição exata de *des*-equilíbrio, Michael. *Des*-equilíbrio. Como alguém pode estar *em* equilíbrio nesse ambiente? Gostaria de saber.

Eu penso: esta é a voz da dor de Robin, sua explicação para o que nenhum de nós pode compreender. E sinto um ímpeto de gratidão por ela não me pressionar para lhe prestar contas em detalhes dos motivos que levaram àquela situação. No lugar de Robin, eu exigiria indícios, fatos, quereria reconstruir cada grau de alteração do comportamento de Sally durante minha ausência: Quando ela surtou? Quando *quase* surtou? Qual foi o primeiro sinal? Quando os olhos se tornaram febris e as palavras incompreensíveis? Devia ter havido um instante crítico, um momento decisivo...

Pat, por sua vez, presta atenção a Robin com o interesse e a apreciação de alguém que assiste a uma atuação. Animado com a boa vontade aparente entre as duas, tento pegar a mão de Pat, que a afasta para longe, impaciente. Ela se levanta de repente.

— Tenho que cuidar de algumas coisas — diz, caminhando ligeira para fora da sala de recreação até o posto das enfermeiras, onde Rufus está saboreando comida chinesa em uma embalagem para viagem e lendo o *Daily News*.

Quando consegui despistar Robin e ir atrás de Pat, Rufus já deixou que ela saísse da enfermaria e trancou novamente as portas.

Top model Margaux Hemingway tira a própria vida, era a manchete do *Daily News*. "Ela estava lendo o livro de seu famoso avô no momento do suicídio."

Sentando-se de novo, Rufus volta a devorar sua refeição. Educadamente, peço que abra as portas para mim também. À parte um suspiro quase inaudível, ele ignora meu pedido, e eu fico ali, esperando, firme, até que ele se levanta sem qualquer pressa, com o emaranhado de chaves misteriosas balançando no cinto de sua calça sintética branca de enfermeiro.

Alcanço Pat quando ela está prestes a atravessar a First Avenue, andando a passos largos, de forma quase belicosa.
— Por que você foi embora?
— Não há razão para nós três ficarmos enfiados naquele quarto, observando Sally como se fosse algum espécime em exposição.
— Robin poderia ter avisado que vinha — digo.
— Não sei por quê. Ela tem todo o direito de estar aqui, mais do que qualquer um de nós. Por que você acha que a deixaram entrar antes de iniciar o horário de visitação? Eles só fazem isso para a mãe, a relação sagrada. Todo mundo entende isso, menos você, ao que parece.
— O que eu entendo é que você está em uma situação difícil.
— Isso me surpreenderia, Michael.
Uma mulher se aproxima e pergunta, irritada, se temos fogo para acender seu cigarro. Tenho quase certeza de reconhecê-la como uma das pacientes da enfermaria, de licença para vaguear pelas ruas abafadas como o restante de nós. Pat é gentil com ela; não temos fósforos. Também quero um pouco daquela gentileza. Pat disse que está indo em direção ao centro, para a academia, para evitar perder algum trabalho por causa de sua ausência — aulas e pagamentos por hora são o que geram o dinheiro para manter a academia aberta. Detecto uma reprovação naquilo. Eu também deveria estar trabalhando, dando telefonemas, correndo atrás de uma nova empreitada como escritor. Não podemos permitir que a vida se desestruture. Mas eu me sinto como se estivesse sofrendo de algum tipo de amnésia social, como se minha facilidade para o bate-papo, para a necessária conversa fiada que azei-

ta as engrenagens da troca cooperativa e racional, estivesse perdida.

— Eu cancelei os ensaios — declara ela, referindo-se ao espetáculo que está criando com sua companhia de dança para uma apresentação no outono. Eles estão agendados para se apresentar em um teatro de renome em setembro, um espaço que Pat lutou muito para conseguir.

— Esperava que não fosse preciso.

— Tudo bem. Não tenho a menor ideia do que fazer com o espetáculo. Depois de Sally, o material com que estou trabalhando parece ridículo. De repente, perdeu o sentido, se é que o teve algum dia.

Uma imagem me vem à cabeça: Pat dançando um solo a que assisti há alguns anos, logo depois de nos conhecermos, quando ainda avaliávamos um ao outro em meio à nossa própria e cautelosa dança de namoro. Era a primeira vez que a via em cena. O nome do espetáculo era *Monstrous Dragon*,* e Pat aparecia enrolada em uma roupa feita de latas, iluminada por faróis de carro em um clube chamado The Gas Station, na Avenue B, no Lower East Side. Foi sua solidão em meio ao clarão daqueles faróis que me conquistou, delicada, mas indestrutível em sua pele de dragão chacoalhante, com o aparente poder de evocar sensações físicas que se transferiam para a plateia — ou pelo menos para mim.

— Volte para o hospital — diz ela agora. — Você e Robin precisam resolver essa situação juntos. Ela é parte da sua vida antes de mim, realmente não me diz respeito, e não estou disposta a competir por isso.

---

* *O dragão monstruoso.* (N. do T.)

E com isso ela parte em direção ao metrô da Lexington Avenue com seu andar único — "ambivalente", como descrevi para mim mesmo na primeira vez que o vi —, altiva, ainda que deixe transparecer um desejo contraditório de passar despercebida, para que ninguém a incomodasse.

Não ser incomodada. Esse foi o primeiro desejo de Pat que absorvi quando nos conhecemos três anos atrás, e nossa cautela um com o outro proibia qualquer coisa além da cordialidade cuidadosa que marcava nossos inevitáveis contatos diários. Nós nos aproximamos por acaso quando ela se mudou para os dois pequenos quartos nos fundos do apartamento da Bank Street. Meu velho amigo e senhorio, buscando uma maneira de lucrar mais com o lugar, a havia instalado lá, e me encontrei competindo com ela para usar a cozinha, que não tínhamos outra escolha a não ser dividir. Pat me assustaria com suas silenciosas aparições de gato precisamente nos momentos em que eu acreditava estar sozinho. Ela circulava na ponta dos pés — coisa de bailarina, eu supunha —, com uma discrição que parecia instintiva e refinada. Conduzíamos nossa guerra territorial entre "colegas de quarto" em silêncio. Sua timidez era praticamente uma forma de ostentação, e parecia improvável que conseguíssemos estabelecer sequer uma amizade, muito menos um envolvimento romântico.

Sua existência era um modelo de simplicidade: até onde eu soubesse, ela parecia tão livre de laços materiais como de emocionais, devotando-se exclusivamente ao ascetismo e à arte. Antes de partir em viagem com sua companhia de dança, ela me fez jurar que eu não mudaria as fechaduras das portas enquanto estivesse fora. Quando demonstrei surpresa (e aborrecimento) por ela pensar que eu fosse capaz de tanto, ela disse sem qualquer resquício de arrependimento:

— É ridículo de minha parte, eu sei. Mas coisas piores já me aconteceram.

Que coisas? Pensei.

Segundo a determinação do senhorio, que me escalou para desempenhar o desagradável papel de explorá-la, eu deveria cobrar seu aluguel e entregá-lo a ele. Ela parecia se deliciar com sua situação e desenvolveu meios sutis de me lembrar que moralmente estava em posição privilegiada com relação ao nosso acordo. Isso corroborava para mim a pureza que via em seus olhos e era mais uma prova de seu estoicismo, de sua preocupação para que sua vida estivesse à altura de algum tipo de ideal — qualidades irritantes, ainda que despertassem minha atração e admiração, não sei bem por quê.

Acima de tudo, o que me fascinava eram seus pertences. Por serem tão poucos, assumiam um ar precioso: o hashi de madrepérola, por exemplo, e sua tigela pintada de Chinatown, onde fazia refeições tardias de tofu, macarrão cabelo de anjo e acelga, após retornar dos extenuantes ensaios de sua companhia de dança. Com muita frequência ela tinha de enfrentar a pilha de louça que eu havia deixado. Pat era vegetariana, e os frangos fritos e as vitelas assadas lhe pareciam uma força bárbara de oposição.

Certa noite, eu a peguei passando os dedos pela gordura de uma perna de carneiro que eu havia preparado. Curvada para a frente de forma a não manchar a roupa, ela sugava os resquícios de carne da mão e corou ao me ver, mas em seguida, sem qualquer indício de constrangimento, agarrou o hashi e retornou ao quarto nos fundos do apartamento, seu queixo brilhando com a gordura da panela.

Fiquei estarrecido com a hipocrisia. Concluí que ela devia estar em meio a uma guerra privada, com a renúncia de um lado e o prazer sensual de outro. Percebia evidências disso em sua roupa favorita, um vestido de lã crua sem mangas que cobria seu tronco, mas deixava à mostra os ombros e os longos braços de bailarina; nas noites estritamente hedonísticas na cidade, nas quais ela algumas vezes se portava como um marinheiro em licença para sair do navio; em sua postura impecável, ainda que com um humor vagamente autodepreciativo, adquirida após anos de prática de Técnica de Alexander e artes marciais; e na jaqueta de couro verde rasgada, que a vestia como um trapo, intencionalmente feia, mas com um certo charme despojado. Com suas roupas rasgadas e sua postura ereta, ela emanava indícios antagônicos de anarquia e controle, elegância e descuido.

Sua principal preocupação, que ofuscava todas as outras, era sua companhia de dança, para a qual criava uma série de fabulosas coreografias enigmáticas. A companhia se chamava Wyoming devido à sensação de "vazio" e "infinitude" que a palavra evocava. Um de seus heróis era Joseph Beuys, cujas "intervenções artísticas" incluíam se trancar em um loft de Nova York com um coiote vivo, uma pilha de feno, um cobertor de feltro e velhos exemplares do *Wall Street Journal*.

— Beuys nos reconecta ao que somos — explicou-me ela. — Carne e osso. Violentos. Dóceis.

Suas bailarinas pareciam despojar os próprios corpos, literalmente, sem qualquer recompensa aparente além do êxtase de realizar o trabalho. Uma delas estourou o limite do cartão de crédito pelo privilégio de fazer acrobacias entre as ruínas do Mercado de Trajano em Roma (um espetáculo especialmente concebido para aquele lugar). Pat, por sua vez, colocava na companhia grande parte do salário de seu trabalho diurno como administradora de um teatro Off-Broadway, bem como os subsídios modestos e as doações esporádicas que recebia de alguns fãs dedicados. Eu admirava aquele senso de missão, mas também ficava um pouco desconfiado. Suspeitava de que no âmago daquilo tudo havia um anseio religioso, possivelmente autodestrutivo, incompreensível para mim. Perguntava-me se Pat, uma irlandesa católica por formação, não estava confundindo monasticismo com arte.

Tinha a impressão de que a austeridade se aplicava da mesma maneira à sua vida emocional. Ela parecia imaculada pela intimidade, livre de relacionamentos confusos, o que aparentava ser uma questão de orgulho pessoal. Pat mantinha a vida em perfeita ordem. Com seus bailarinos, era intensa e estrategicamente distante. Às vezes, um amante subia as escadas até seu quarto, sorrateiro, partindo logo em seguida.

Nosso primeiro encontro foi no Metropolitan Museum para ver as pinturas de Jusepe de Ribera, um artista espanhol do século XVII, em exposição temporária na cidade. Uma hora antes do que fora programado, Pat ligou para cancelar o encontro, mas 15 minutos depois ligou novamente, implorando para que eu a perdoasse por sua "tolice" e anunciando que nosso encontro estava de pé. Andamos pelas galerias, passando pelos conjuntos tenebrosos de mártires na cruz de Ribera. Paramos na frente de um quadro de São Bartolomeu, a pele enrugada e nua, prestes a ser esfolado vivo.

— Quando eu tinha 7 anos, um grupo de meninos tentou roubar meu chapéu na rua — disse ela, rindo da lembrança de si mesma. — Eu tirei meu sobretudo e também lhes entreguei. Tinha acabado de aprender o Sermão da Montanha e acreditava que aquilo era o que eu deveria fazer naquela situação.

Agora sua vida está emaranhada à minha, maculada pela loucura, o que exige um outro tipo de renúncia — um tipo de renúncia no qual não existem recompensas pelos nossos gestos. Pergunto a mim mesmo se ela não estaria arrependida de nosso casamento, tão sobrecarregado precisamente pelo tipo de perturbação que ela havia evitado antes de eu aparecer. Queria lhe contar que Sally nos reconectou ao que somos: *Carne e osso. Violentos. Dóceis.* Não por uma "intervenção artística", mas pela essência de seu ser, por sua vida.

Mas não tenho certeza de estar convencido disso.

Rufus me deixa bater à porta por alguns minutos antes de permitir que eu entre novamente na enfermaria. De nada adianta tentar puxar uma conversa com ele, seja sobre o calor, o sistema de ar-condicionado quebrado ou os jogos de verão. Rufus, o cérbero barrigudo do breve espaço entre o elevador e a enfermaria trancafiada, está me punindo por ter interrompido seu almoço mais cedo.

Sally dorme restrita aos grilhões de um sono que parece ter se tornado sua nova maneira de ser — o oposto do que ela era havia apenas uma semana, o que, por sua vez, representava uma distorção do que já fora. Robin está sentada aos pés da cama, distante de Sally tanto quanto eu, mas acredito que mais calma, com seu invejável estar de aceitação.

Em parte eu espero que ela me acuse de ter colocado Sally naquele lugar, de ter feito dela uma *doente mental*, de tê-la traído de alguma forma essencial ao roubar suas epifanias e rotular suas "visões" como insanidade. Mas ela não me acusa, e suportamos bravamente nosso constrangimento um com o outro. Não passávamos tanto tempo juntos desde que Aaron, irmão de Sally, concluiu o ensino médio há três anos. Ela estava presente, claro, na época com 12 anos, orgulhosa do irmão, porém introspectiva, na mesa em que realizávamos um jantar comemorativo e fingíamos por um dia não ser uma família desestruturada. Ela se sentou ao meu lado e encostou a cabeça em meu ombro, resistindo ao jantar, desejando que terminasse.

— Você falou com Aaron? — pergunta Robin.

— Ainda não.

— Ele é um rapaz maravilhoso.

Tenho uma estranha sensação de traição ao nos parabenizarmos por Aaron daquela forma: nosso "motivo de orgulho", o filho saudável, que acabara de concluir seu primeiro ano na faculdade e que, naquele momento, estava fora, em uma viagem de pesquisa para uma bolsa de estudos que recebera.

— Ele está hospedado em um hotel. Não tenho o telefone. Tenho certeza de que vai ligar. É estranho estar sem contato com ele. Especialmente agora — digo.

— Eu sei.

Com um tremor, Sally abre os olhos.

— Trouxe as alcachofras, papai?

— Alcachofras? — pergunta Robin.

Explico que ao deixar o hospital no dia anterior havia prometido a Sally que levaria algumas, cozidas, obviamente, junto com uma barra de chocolate, seu outro pedido. Não pensei que fosse a sério e duvidei que ela fosse se lembrar. Outra surpresa. Talvez agora sua memória estivesse mais forte do que nunca, marcada a ferro pela mania.

Garanto a Sally que levarei as alcachofras no dia seguinte, mas ela não dá qualquer indicação de me ouvir nem de se importar.

— O que estou fazendo aqui? — pergunta, intrigada como uma criança, os olhos tão negros quanto malaquitas, esbugalhados e penetrantes.

— Você está aqui para se sentir bem novamente.

— Nunca estive melhor. Estou perfeitamente bem.

— Não é o que parece, tendo em vista seu comportamento.

— As aparências enganam, papai. Assim como você.

— Sally, você está doente. — Ouço a insistência superficial de minha voz.

— *Doente. Hummm.* Pensar em mim dessa maneira faz você se sentir mais seguro?

— Só queremos que volte a si novamente.

— Não é que você esteja fora de si no momento — diz Robin. — O que seu pai quer dizer é que está aqui no hospital para... se *recuperar.*

Sally se detém na palavra.

— Recuperar — repete ela. — Mas o que eu perdi? Ou será que sou alguém que você quer calar *de novo*. Alguém que você quer amordaçar? — Sua voz fica mais forte: o pavoroso tom inquisitivo. — Você sempre quis me trancafiar, papai. Agora, obteve sucesso. Deve estar muito feliz com você mesmo.

Ela deixa escapar um gemido suave e, logo em seguida, se levanta da cama como se estivesse sendo puxada por uma corda. Seu braço, erguendo-se em um ângulo oblíquo com o corpo, fica imobilizado em uma posição que pareceria uma saudação nazista a qualquer pessoa. O pescoço também está enrijecido e inclinado. Sally fica de pé perto da janela, incapaz de se mexer, ao que parece atordoada pelo transtorno que criou e pelo olhar assustado em nossa cara, sem consciência da estátua bizarra em que se transformou.

Robin solta um suspiro silencioso enquanto eu levo Sally de volta para a cama e a faço se sentar. Ela tenta abaixar o braço de Sally, como se fosse uma manivela, mas ele se levanta novamente em seu permanente *"Heil!"*.

Suavemente, tento relaxar seu pescoço, mas ele também está preso nessa mesma posição drástica, como um brinquedo mecânico. Parece uma posição insuportável, mas Sally permanece impassível.

— O que eles fizeram com ela, Michael?

Robin sai correndo do quarto e volta com a enfermeira Phillips, que casualmente enfia um exemplar da revista *Jet* no bolso do macacão ao entrar. "Personalidades negras que influenciaram a História são homenageadas em recepção de gala em Detroit", lê-se na capa.

— Está sentindo um pouco de rigidez, querida? — pergunta ela e instrui Sally a se sentar ereta. Depois de alguns minutos ela retorna ao quarto com uma seringa, que aplica no braço de Sally como uma cozinheira experiente se debruça sobre uma panela transbordando e a remove rapidamente do fogo com um simples tremor de contrariedade. — Cogentin — informa-nos ela. — Um relaxante muscular. Sally está um pouquinho enrijecida no momento. Um efeito colateral do medicamento. É totalmente normal.

— Não seria melhor um médico examiná-la? — pergunta Robin.

— É desnecessário, minha querida. Acredite em mim, isso acontece o tempo todo.

Sozinhos com Sally, eu e Robin olhamos para ela como se tivesse sido executada na nossa frente.

— Eles fazem tudo, menos curar — digo, referindo-me à miríade de medicamentos que ela toma. O haloperidol suprimiu tão completamente a produção de dopamina de Sally, o neurotransmissor responsável pela agilidade das faculdades mentais e motoras, que seu corpo entrou em uma espécie de estado de *rigor mortis*. Uma fase da guerra contra a mania acabava de ser oficialmente vencida: uma vitória retumbante sobre o distúrbio no córtex frontal do sistema límbico do cérebro.

Menos de cinco minutos após tomar a injeção, Sally consegue endireitar o pescoço e flexionar o braço. Ela se deita pesadamente na cama, em um estado de moleza proporcional ao enrijecimento que substituiu. Apenas seus cabelos, espalhados em uma massa confusa sobre o colchão, permanecem elétricos e selvagens.

O dia transcorre gradualmente, provocando uma sensação de ausência do tempo, e nós aguardamos, eu e Robin, espremidos no quarto apertado, ouvindo a respiração agitada de Sally e suas ocasionais declarações de oráculo.

— A maldição de ser bonita é nos amarmos demais — diz ela com sua voz de profetisa, despertando um instante e depois voltando a dormir.

Tentamos rir; se ao menos conseguíssemos fazê-lo com vontade... Uma intimidade inesperada se estabelece entre nós, a sensação de que algo foi restaurado: não o casamento, cujo fim nos deixou aliviados, nem mesmo a antiga afeição que sentíamos um pelo outro, mas um entendimento real por Sally.

— É difícil não pensar que, em parte, Nova York foi responsável pelo que aconteceu a ela — diz Robin. — A tensão psíquica aqui é enorme. Sally enfrentou tudo de uma só vez: a velocidade da cidade, as toxinas; ela as absorveu sem filtros.

— Você sempre odiou Nova York — comento. Embora não imaginasse quanto ao conhecê-la. Robin vivia na Bleecker Street com pais de mentalidade artística e frequentava os cafés do Village em perfeita sintonia com a cidade, assim me parecia; aos 15 anos já era fisicamente precoce o bastante para atrair a atenção de homens mais velhos, que representavam uma constante ameaça para mim. Ela era incrivelmente talentosa como oboísta, cantora e artista plástica. Era um prodígio da Liga de Estudantes de Arte. Eu ficava perplexo com o fato de seus talentos serem uma fonte de angústia para ela, que os encarava como um fardo do qual se livraria assim que possível.

Segundo ela, o acontecimento mais significativo de sua infância foram as férias no chalé que seus pais compraram em Vermont, para servir de refúgio, logo após o seu nascimento. O chalé fora construído ano a ano, por isso a presença de eletricidade, encanamento, quartos adicionais e novos aquecedores a lenha ocorrera simultaneamente à transformação da própria Robin de criança em jovem mulher. Vermont, dizia ela, foi onde ela despertou para a vida.

Minha conexão com a cidade era tão poderosa quanto a aversão dela pelo lugar. Ela havia me pressionado para irmos embora quando Aaron nasceu e de novo, mais tarde, quando tivemos Sally. Mas eu não conseguia conceber viver em outro lugar. Durante dez anos, a contar de 1976, vivemos na fronteira entre Chinatown e Lower East Side. Nosso apartamento no 19º andar nivelava-se com a ponte de Manhattan. O barulho do tráfego na malha de metal da ponte atravessava nossa janela. Abaixo, no East River, um barco-prisão estava permanentemente ancorado; costumávamos observar os prisioneiros jogando basquetebol no telhado cercado, como bonecos em miniatura, todas as manhãs. Prostitutas atendiam motoristas em plena luz do dia embaixo do elevado. À noite, trocas de tiros entre gangues rivais interrompiam nosso sono. O lixo ardia lentamente no terreno baldio do outro lado da rua e pairando, aparentemente sem destino, ficava um enxame constante de helicópteros monitorando o tráfego. O barulho nunca cessava. Para Robin, nosso divórcio foi um repúdio a esse barulho, ao "submundo de Bosch", como ela chamava, onde eu insistia em criar nossos filhos. Um repúdio à sua infelicidade, a Nova York, a mim. Ela dizia que se estabelecer em Vermont, em uma casa no campo situada a poucos quilômetros da casa de seus pais, era como se libertar de uma força predatória extrínseca. Sally também era uma vítima dessa força, comprovando que Robin estivera certa todo o tempo.

Robin se senta na beirada da cama, agarrada à sua bolsa de brim, de onde tira um frasco de 15 mililitros. No rótulo lê-se "Escutelária", um floral e remédio homeopático que "auxilia a relaxar", informa-me ela timidamente. O rótulo é pintado à mão, ao estilo dos boticários de outrora: um corretivo discreto à avalanche de misturas medicinais dos laboratórios farmacêuticos atuais. Como uma herborista em sua cabana na floresta, ela mede uma dose, abre a boca de Sally delicadamente e a coloca em sua língua, tal qual estivesse alimentando um pássaro que resgatara.

— Eu trouxe escondido — explica ela, feliz por ter conseguido enganar os funcionários. — Eles têm uma regra aqui contra qualquer coisa feita de vidro. Você sabe, Michael, no fim somos os únicos que realmente podemos cuidar bem dela.

Ela massageia a cabeça de Sally, energizando-a com as mãos, buscando os pontos de pressão. Robin mantém os olhos bem fechados para aumentar a propriedade intuitiva de seu toque. Após alguns minutos, ela passa para os pés de Sally, pressionando-os e apalpando-os. Ela me explica que se trata de uma nova terapia que aprendeu. "Polaridade". O equilíbrio dos polos opostos do corpo: os pés, que trituram os grãos da terra; e a cabeça, o crânio, que aponta para cima, em direção ao que muitos de nós aspiram — potencialmente sublime, mas que quando afastada da terra cai em queda livre, perdida.

— Essa é uma área particular de seu interesse, Michael, se me permite dizer. Você é muito cerebral.

— Não acredito em minha mente tanto quanto você imagina.

— Bem, certamente você costumava acreditar. Eu não era intelectualizada o bastante para você. Tinha a impressão de que o entediava.

— Você nunca me entediou. Nem por um segundo.

— Só porque você não tinha ideia de quem eu era.

A paixão de Robin pela *new age* havia sido um pomo de discórdia entre nós, e percebo que ela toma fôlego para fazer algum comentário irônico, como os que provavelmente eu havia feito ao longo dos dias de desagregação de nosso casamento. Ela vai fazer com que Sally fique bem novamente. E por que não? Seu diagnóstico parece tão preciso quanto qualquer outro: uma ruptura da psique entre seus polos mais extremos. O que me admira é sua desenvoltura física com Sally. Eu só tenho uma maneira de alcançá-la: por meio das palavras, exatamente a faculdade de Sally que foi arruinada.

— Mãe, querida, você está tentando cuidar do meu pé? — diz Sally de seu mundo distante, surpreendendo-nos. — Ou seu objetivo é arrancá-lo?

Desta vez, rimos juntos da espirituosidade de Sally, do seu brilhantismo desvairado.

Relembramos seu nascimento, a cabeça inacreditavelmente erguida, como se avaliasse os níveis de energia da sala, a pequena auréola de cabelos dourados.

— Ainda não o perdoei por sair para comer enquanto eu estava em trabalho de parto — diz Robin. — Parecia aquele personagem monstruoso de Hemingway, que foi para um café comer presunto e ovos enquanto sua mulher morria.

— O único motivo pelo qual saí para comer foi para ter forças para estar ao seu lado quando precisasse.

— Não foi o que pareceu, Michael.

Observando-as juntas na cama naquele momento, tenho a impressão de que estamos de volta àquela sala de parto, em uma nova versão da infância de Sally.

— Eu senti um tipo de choque elétrico quando Sally nasceu — comenta Robin. — Ela era agitadíssima. Não tinha paz. Tremia e me rechaçava com enorme desespero. Não havia nada que eu pudesse fazer para tranquilizá-la.

Os silêncios longos e emotivos de Robin pareciam enfurecer Sally. Uma voltagem de discórdia corria entre elas. Um ou dois meses após seu nascimento, ela rejeitou o seio de Robin, insistindo em uma autonomia violenta. Sally parecia estar sempre esperando o fim de uma tempestade invisível. Às vezes, eu ficava preocupado com que ela não se sentisse bem em lugar algum, que seu destino fosse ter uma vida em que estivesse sempre buscando uma solução atrás da outra, uma procura impulsiva e incessante por algum tipo de porto seguro para si mesma ou apenas um lugar de descanso. Quando bebê, Aaron emanava uma serenidade evidente e incontestável repousando sobre o peito de Robin. Sally nunca teve tal serenidade. Inquieta, agarrava e puxava dedos e orelhas. Ela se jogava para a frente, implacavelmente *impulsiva*. Ao contrário de Aaron, que resistiu a cada centímetro de expulsão durante o trabalho de parto de 26 horas de Robin, ela nasceu com uma facilidade sobrenatural. Assim que pus os olhos nela, imaginei um futuro meteórico. Todos lhe dariam passagem, instintivamente. Ela transgrediu meu sonho. Afastava-se de mim e de Robin sempre que podia. Depois, tendo conseguido se isolar, parecia em pânico e perdida. Ela ansiava por se sentir segura, mas rejeitava nossa proteção como se fosse algo impuro e insincero.

Agora, esta segunda infância: Sally na cama com os olhos escuros e indóceis, Robin ao seu lado administrando remédios em um esforço para sua cura. Quando bebê, Sally jamais toleraria esse tipo de comunhão com Robin. Mas naquele momento não oferecia resistência. Era como se Robin encenasse com Sally a infância que sonhara partilhar com a filha.

Cochilo por alguns minutos e volto no tempo para quando eu e Robin tínhamos 15 anos e nos escondíamos em seu quarto, que era quase tão estreito quanto este. O que me vem à lembrança é o silêncio voluptuoso de Robin, e a expressão que o acompanhava: ao mesmo tempo indulgente e distante, uma oferta que também assinalava um desligamento insuperável. Eu falava sobre meus planos... nossos planos. E aquela sua expressão, aquele meio sorriso de lábios entreabertos, que aos meus olhos de adolescente abarcava todo o universo feminino, era a única resposta que eu desejava. Podíamos ficar deitados por horas, perdidos um no outro, ainda que alheios um ao outro, sem nenhum risco de desentendimento, sem espaço para a interferência de possíveis confusões.

Menciono a Robin aquelas tardes na Bleecker Street.

— Ainda me lembro delas como uma época paradisíaca.

— Talvez tenha sido para você. Provavelmente já se esqueceu, mas você dizia que me achava muito "liberal". Que eu não era "bitolada". Imagino ter sido seu ideal de um espírito livre. Você não tinha como saber, mas eu estava farta de mim mesma. Achava que eu não tinha jeito, que tudo o que eu fazia parecia emperrado. Meu professor de polaridade diz que eu estava presa a um solo raso. Talvez por isso eu compreenda o que Sally está passando. Ela não tem em que se agarrar, nada a segura.

Como se estivesse tão surpresa com as palavras de Robin quanto eu, Sally abre os olhos e pisca para nos colocar em foco, seu rosto iluminando-se com uma expressão alegre que imediatamente me deixa em alerta.

— Olhem para vocês! Consegui uni-los de novo!

Seu sorriso é largo como o de um artista em noite de estreia ao retornar para os aplausos após o abrir e fechar das cortinas. Outra parte despedaçada da vida de Sally que se consertava. A energia pura de sua luminosidade havia unido a mim e a Robin outra vez. Tudo acontecia como ela previra.

Ela manda que Robin se sente perto de mim no braço da cadeira.

— Ponha sua mão no ombro dele. Papai, pegue a outra mão de mamãe. Segure firme.

Quando hesito, ela me encara.

— Faça o que eu disse!

Tendo nos posicionado de acordo com sua vontade, Sally vai para a beirada da cama. Com as mãos entrelaçadas sobre o colo, ela apreciava a cena.

— Vocês ficam lindos juntos. Não percebem que nasceram um para o outro?

19h55. O horário de visitação está quase no fim. A chuva cai torrencialmente e os pingos grossos batem contra a janela.

Dou boa noite a Sally, que ainda está empolgada com a nova harmonia que acredita ter conseguido impor a nossas vidas.

— Alcachofras amanhã — prometo.

— Vou ficar mais alguns minutos — diz Robin.

Estamos desconcertados um com o outro depois de nosso recasamento de mentira e, uma vez no corredor, rapidamente combinamos não visitar Sally ao mesmo tempo dali em diante, para não reforçar sua falsa imagem.

— A própria ideia em que ela acredita, de que há algum ideal vivo para o qual retornar — murmura Robin.

Ao sair, um tumulto no corredor chama minha atenção. Rufus está enxotando a família de hassídicos da enfermaria, empurrando-os para dentro do elevador como se evacuasse o recinto.

O irmão do *shoteh* lança um olhar injuriado para mim, possivelmente de súplica, enquanto é conduzido para fora.

No saguão, ele embrulha seu chapéu preto em plástico para protegê-lo da chuva. Suas mãos estão tremendo. Ele parece surpreendentemente frágil com a cabeça descoberta, os cabelos acima dos cachos laterais desgrenhados e finos.

— Eles disseram que o estimulamos demais. Foi uma acusação. Levaram meu irmão para o quarto como se fosse um condenado.

— Ele vai estar melhor pela manhã — digo.

Ainda há luz do lado de fora, um lusco-fusco amarelado, encantador ao seu modo, com o temporal que cai torrencialmente e as gotas de chuva grandes como granizos atingindo o chão como se tivessem sido arremessadas.

Ele parece arrependido de ter confiado em mim e se afasta de repente, conduzindo sua família, reunida ao seu redor, para a chuva.

Saindo do metrô na Twelfth Street com a Seventh Avenue, tenho a impressão de ter viajado de um lugar estranho para voltar para outro igualmente esquisito. O West Village dá a sensação de estarmos em um cenário. O temporal passou, mas a água continua a escorrer pelo meio-fio. A chuva escureceu a calçada. O ar fervilha. Um casal passa ensopado. A mulher olha para seus sapatos arruinados como se dissesse: "Para que lutar?"

O cabeleireiro de duzentos dólares o corte está de pé na frente de sua loja, na esquina da Bank Street com a West Fourth, fumando um baseado. Ele usa gravata-borboleta vermelha, suspensórios de couro e, apesar do calor, um paletó de listras ao estilo eduardiano. Sua vespa azul-clara está estacionada na calçada, resplandecente por causa da chuva.

— Uma semana divina — diz para mim. — *Tout le monde* fugiu para a praia. Somos párias sociais, você e eu. Definitivamente, náufragos em uma ilha.

Dentro da loja, seu implacável shih tzu levanta a pata para passar sobre um monte de cabelos cortados que haviam sido varridos para um canto.

Do outro lado da rua está o "meu" prédio, como um passageiro desamparado em um trem de primeira classe. Os tijolos precisam ser pintados novamente, o arremate superior da fachada está cedendo, as tampas das velhas latas de lixo estão soltas. Subo os cinco lances de escada rumo ao acampamento que é minha casa e me prostro no sofá da sala. O walkman quebrado de Sally está em cima de um baú que serve de mesa de centro, ainda com a fita das *Variações Goldberg* de Glenn Gould dentro. Tento ligá-lo. As baterias estão descarregadas.

Pat não está em casa, e pela primeira vez desde a morte de meu pai há dois anos sou tomado por um desejo palpável de conversar com ele. Se ao menos ele estivesse vivo, com sua sensibilidade apurada e seus olhos penetrantes que tudo avaliavam... Ele era um homem de fibra, vendendo ferro velho e lingote em seu armazém no Brooklyn. Tendo precisado pelejar com seu próprio *shoteh* na figura de meu irmão

Steve, teria entendido o impacto do surto de Sally. Sobre os filhos, ele costumava dizer: "O que quer que eles sejam, não tenho motivos para me espantar." O fato de estarmos sempre em desacordo faz com que eu sinta ainda mais profundamente a sua falta. Quando eu tinha pouco mais de 20 anos, com um filho para cuidar, ele me ofereceu a oportunidade de trabalharmos juntos no comércio de ferro velho. Ficou furioso quando recusei o convite. "Esses malditos cadernos em que você rabisca não o levarão a lugar algum", disse ele. Constrangido por não ter uma educação formal, papai considerava minhas pretensões literárias uma afronta pessoal. Enquanto carreira, ser escritor era algo insondável para ele, a menos que se fosse famoso como Arthur Miller ou o responsável pelas piadas de um de seus venerados astros da televisão. Mesmo assim, não há mais ninguém com quem eu poderia falar com menos inibição sobre Sally.

Adormeço e acordo com um susto.

— Você está com a aparência de quem caiu da escada — diz a voz de Eric, meu senhorio. Ele está de pé do outro lado do sofá, usando botas e uma camiseta cinza com o colarinho rasgado. Já se serviu um uísque. — Estou instalando a nova tubulação de gás. Trabalho honesto para variar. A cama dobrável ainda está em bom estado? Vou usá-la esta noite, se você suportar meus roncos.

— Mal escuto.

Ele levanta o copo como se dissesse *Salud*! Nada fora do normal; Eric dorme na cama dobrável sempre que deseja, pelo menos quatro ou cinco noites por mês.

De sua bolsa de mão ele tira uma cópia manuscrita do romance em que vem trabalhando há anos.

— Acabei a revisão — diz. — Você se importaria de dar uma olhada? Algumas mudanças foram sutis, mas no todo acho que fazem muita diferença.

Cento e oitenta e cinco páginas, observo, o mesmo tamanho de quando me mostrou o romance pela primeira vez, logo depois de eu me mudar. Talvez minhas palavras de incentivo na época estivessem influenciadas por minha dependência dele. Mas havia coisas a serem admiradas em sua escrita: uma certa distorção, um sentimento singular por pessoas com poder. Um ano depois, aproximadamente, após muita conversa sobre "reescrever", ele me deu o manuscrito de novo. Pelo que pude ver, nem uma única palavra fora alterada. Mostrei isso a ele da forma mais gentil possível.

— Você tem razão — disse. — Preciso prosseguir com isso, agarrar o touro pelos chifres!

Desde então, eu fazia de tudo para evitar o assunto, mas Eric sempre voltava ao tema. Ele contava comigo para endossar suas ilusões discutindo o romance de modo que parecesse viável e real. Aos poucos percebi que ele não tinha intenção de terminar o romance tanto quanto de abandonar o projeto. Falava sobre isso como alguém conversa sobre ir morar no Taiti ou velejar ao redor do mundo. Ainda assim, percebia que em alguma instância aquilo o fazia sofrer.

Pego o manuscrito e o coloco caprichosamente em meu colo. Uma promessa tácita. Parece que estou representando ser a pessoa que eu era antes do surto de Sally. Se ela tivesse sofrido um acidente ou estivesse com alguma doença física evidente, eu não hesitaria em contar a ele, confiante de que sua compaixão recairia sobre mim, como seria de esperar. Mas a psicose desafia a empatia; poucas pessoas que não a vivenciaram de perto compram a ideia de que se trata de um *distúrbio de comportamento*. Há um tom de desculpa na psicose, uma licença para a egolatria na mais alta escala. Parece sugerir que a pessoa escolhe a loucura e não o contrário. Quando Eric se refere a alguém como "maluco", isso significa que a pessoa é desinibida, rebelde, criativa. É uma forma de elogio.

— A Pat tem algum problema comigo? — pergunta ele de repente.

— Claro que não.

— Ela ligou mais cedo. Parecia... irritada. Impaciente. E não foi a primeira vez. Tenho essa sensação com ela em geral. Como posso dizer? Não me sinto mais *bem-vindo* quando apareço.

Em minha própria casa, ele deveria ter acrescentado. Nosso salto, meu e de Pat, de colegas de quarto vagamente hostis para marido e mulher mudou radicalmente a química da minha amizade com Eric. Pat não está disposta a cooperar com a atmosfera de albergue que eu e Eric mantínhamos antes de sua entrada em cena. Eric sente falta de nossos dias de solteiro.

— Vou visitar alguns amigos do outro lado da cidade — diz ele com frieza. E se retira subitamente.

22h25. Substituo os fusíveis queimados e ligo o ar-condicionado, que logo passa a funcionar como um caminhão velho. Eric esqueceu o jornal, que traz uma matéria na primeira página sobre Vicente Gigante, o mais poderoso chefão da máfia dos Estados Unidos, e suas incursões de roupão e chinelos pelo Greenwich Village, os olhos encovados, a barba por fazer, fingindo insanidade para fugir de um julgamento por homicídio.

— Ele é assustador — diz um vizinho. — Olha através de você, como se não tivesse ninguém ali.

Uma paródia da loucura. Que outra doença é identificável somente pelo efeito social que suas vítimas provocam?

Em outra página do jornal, mais notícias sobre Margaux Hemingway, morta aos 41 anos por overdose de barbitúricos. Seu avô também havia se matado no mês de julho, há 35 anos, com um tiro. Ele havia tentado aplicar o truque oposto ao de Gigante: o de convencer as pessoas de sua sanidade, de modo a conseguir ficar sozinho por tempo suficiente para dar um fim a si mesmo. Fora levado para a ala psiquiátrica da Clínica Mayo, em Rochester, Minnesota, após arrancarem de sua mão a arma que apontava para o rosto. Na Clínica Mayo, ele "seduziu e enganou [o médico] para que concluísse que estava são", escreveu Mary, sua viúva.

O telefone me chama de volta à vida.

— Pai!

É Aaron, sua voz transbordando uma felicidade à qual imediatamente me agarro para tentar disfarçar meu pesar. Ele está ligando de um hotel de beira de estrada em Youngstown, Ohio, onde está realizando um estudo, para a bolsa que ganhou, sobre a depressão econômica que tomou conta da cidade desde o fechamento de sua siderúrgica.

— Almocei com o prefeito. O *prefeito*, pai. Ele estava ansioso por me ver. E o mesmo acontece com todo mundo aqui: eles querem falar, *precisam* falar, em parte porque têm tempo de sobra.

Ele descreve a cidade, as pessoas vagando pelas ruas dia e noite em uma ociosidade infernal. Como na enfermaria psiquiátrica, penso. Mas não digo nada. Estou muito ocupado absorvendo sua voz que soa como um salva-vidas, a natureza informal de sua intimidade comigo, suas observações, seu envolvimento. Sua sanidade.

Depois de conversarmos por vários minutos, ainda não lhe contei sobre Sally. Por que jogar um balde de água fria em sua empolgação? Em breve ele descobrirá que não pode fazer nada para ajudá-la no momento...

— Como é o hotel? — pergunto.

— É outra vítima da siderúrgica. Sou o único hóspede. Costumava ser um Ramada Inn. Uma família de Bangladesh é a proprietária agora. Vai ser fechado no final do mês.

Assim que nossa conversa termina, percebo o erro que cometi: Aaron não vai se sentir "protegido" da notícia que eu soneguei, mas enganado e traído. *Você me deixou falando sobre Youngstown enquanto minha irmã era declarada maluca?* Como eu explicaria a ele que estava protegendo a mim mesmo de ter de reviver o choque do surto de Sally pelos olhos de seu irmão?

Com as luzes apagadas para não sobrecarregar a rede elétrica enquanto o ar-condicionado está ligado, a única iluminação no apartamento vem da rua: a claridade dos altos postes de luz abaixo e do pálido azulado lunar que se infiltra da Times Square.

Quando Pat chega em casa, já passava de 1 hora da manhã.

— Caí no sono lá na academia — explica. — Um rolo-compressor nos atropelou, Michael.

— Você conseguiu trabalhar um pouco?

— Convenci duas bailarinas a irem até lá, em cima da hora. Não tinha a menor ideia do que estava fazendo. Se elas perceberam, foram educadas o bastante para não demonstrar. Como está Sally?

Contei a ela os acontecimentos do dia: o enrijecimento súbito de Sally e sua crença, ao acordar, de que havia conseguido me reconciliar com Robin.

— É o que ela realmente quer. Os três juntos. Foi por isso que deixei vocês sozinhos.

— Decidimos visitá-la separadamente daqui para a frente.

— Essa é uma decisão inteiramente sua. Como tudo o mais nesta história.

— Desculpe.

— Não há motivo. Não estou zangada com você, Michael.

Ela parece exausta e extraordinariamente pálida.

— Liguei mais cedo para ver se você estava em casa. Eric atendeu. Não ficou muito satisfeito ao ouvir minha voz. Perguntei se haviam deixado algum recado. Estava pensando em Sally. Queria saber se ela tinha ligado; que bom sinal isso seria! Ou se você tinha dado notícias. Eric agiu como se eu estivesse lhe pedindo um empréstimo. Ele não gosta de mim.

— Espero que você não tenha contado a ele sobre Sally.

— Claro que não.

— Não gostaria que ele soubesse. Não que eu tenha vergonha do que aconteceu. Mas ele não entenderia.

— Ninguém entende. *Nós* não entendemos.

— Ele contaria aos nossos amigos. Isso tornaria a vida dela mais difícil. As pessoas começariam a achá-la esquisita. Ela seria depreciada.

Acordei antes das 5 horas. Pat está deitada ao meu lado, Eric ronca na cama dobrável na sala.

Saio do apartamento na ponta dos pés, carregando meus sapatos, que calço no corredor. Em uma barraca de verduras 24 horas na Greenwich Avenue, compro as alcachofras e uma barra de chocolate amargo. Em seguida, mato o tempo andando pelas ruas enquanto a luz do dia penetra a cidade como fumaça, a lanchonete na Eighth Avenue abre e algumas pessoas saem dos seus prédios em busca de um táxi.

Mais tarde, cozinho as alcachofras e as embrulho em papel-alumínio para Sally.

No momento em que entro no saguão do hospital, o irmão do *shoteh* corre em minha direção como se estivesse me esperando passar pela porta. Preparo-me para ouvir uma nova avalanche de reclamações sobre Sally, mas ele me surpreende ao estender a mão e se apresentar pelo nome: Yankel.

— Eles estão dizendo que Noah está no Quarto do Silêncio — diz, referindo-se ao irmão. — Não nos deixam subir para vê-lo. Nem a mim nem a minha mãe. Como se fôssemos a causa dos *tsorres* (problemas) de Noah. Você sabe o que é esse "Quarto do Silêncio"?

Ouço a mim mesmo tentando descrevê-lo em termos favoráveis, sem acreditar no que digo.

Yankel me interrompe.

— O que eles entendem por "transtornos mentais" neste lugar? Talvez você possa me explicar o significado dessa expressão. Levei Noah ao rabino, que disse que meu irmão se perdera em suas súplicas a Deus. "Não tenho como ajudá-los", disse-me ele. "Procurem um psiquiatra." Nosso próprio rabino! Ele deveria estar mais bem informado. Não há remédio para isso. Nem para Noah nem para sua filha.

Sentada a poucos metros dali em uma cadeira oval de plástico está a impávida *babushka* que eu notara antes: a mãe de Noah e Yankel. Perto dela, a noiva do louco, em gravidez avançada, com no máximo 18 anos. Ela parece tímida e desnorteada, seu aplique um feixe luminoso de negros cabelos humanos tosados da cabeça de alguma mulher da Índia, sem dúvida, uma vez que o cabelo hindu é a principal fonte de suprimento dos fabricantes de perucas dos judeus ortodoxos.

A mãe começa a chorar. Yankel a ignora, mas também parece a ponto de chorar. A menina olha resoluta para as mãos sobre o colo.

— Talvez isso seja consequência de nossas próprias ações — diz Yankel. — Incentivamos Noah a ser reservado porque ele era muito talentoso. Você sabe o que significa "reservado"? Viver no mundo espiritual, em esferas mais elevadas. Quando ele tinha 15 anos, estudou todo o ciclo do Talmude em apenas um ano. Cinco mil páginas. Os estudiosos mais respeitados levam sete anos para fazer isso. As pessoas acham que ele é um *meschugge*, um louco. Mas não é o caso. Não tenho vergonha de dizer: ele conversa diretamente com seus fantasmas. Houve um tempo em que acreditei que ele falava com o Criador. E ainda não estou convencido de que isso não seja verdade.

Ele olha para a mãe buscando um alento, as pernas cruzadas na altura dos tornozelos, as meias ligeiramente caídas, os pés calçando pesados sapatos ortopédicos.

— Ele vê o que os outros não conseguem enxergar — continua —, incluindo algumas pessoas de nossa própria comunidade, Deus as proteja, não vou citar nomes. Elas aprenderam os mistérios, mas não os compreendem como

Noah. Agora o estigmatizam como sendo um *hefker*. Você sabe o que é um *hefker*? Um animal. Alguém fora do rebanho.

— É possível que ele não fique muito tempo no Quarto do Silêncio — digo. — Na verdade, talvez isso seja mais seguro para ele.

— Você acha que meu irmão precisa ser protegido *de si mesmo*? Já lhe ocorreu que Noah está sozinho em um mar de glória enquanto o resto de nós vaga em meras ilhas de infelicidade? — Ele faz uma pausa, abrandando a voz com um esforço visível. — O problema de Noah é que ele não está familiarizado com o mundano. "Ao sentir que o chão lhe falta, vá construir algo", diz o sábio. "Trabalhe com madeira. Assente tijolo e argamassa. Fique de quatro e esfregue o chão." Quando Moisés enviou emissários para observar a Terra Prometida, alguns deles não gostaram do que encontraram. Eles preferiam a vida no deserto, com os milagres e manás do Céu, onde podiam meditar e viver livremente. Eles não queriam entrar na terra "que consome seus habitantes", como diz o salmo. A terra com todos os seus problemas, Deus nos ajude. Mas alguém tem de entrar nesse território. A terra é onde está a vida.

Ele segura meu braço e nos leva para fora do alcance dos ouvidos das mulheres.

— Você vai verificar como ele está quando subir? Eu vou esperá-lo aqui embaixo. Você estaria fazendo uma boa ação. Só quero saber se ele está bem.

Tenho de ficar na ponta dos pés para conseguir enxergar algo pela abertura de vidro protegido por tela no alto da porta do Quarto do Silêncio. Noah está sentado exatamente como Sally deve ter se sentado, com as pernas cruzadas sobre o colchão emborrachado. Ele se balança para frente e para trás (a reza hipnótica dos hassídicos), no que parece ser um estado de oração enlevado. O quipá havia caído do avesso, a costura aparecendo, esvaziado de significado. A luz fluorescente do teto arde de modo característico, impregnante e monótona. O livro de orações de Noah está em frangalhos, as páginas espalhadas pelo chão. Os cachos de seu cabelo se desfizeram. Seus pés descalços e sua beleza pueril e desajeitada, de membros longilíneos e refinamento singular, me comovem. Ele não se parece em nada com o irmão. Tem 19 anos, Yankel me disse, quatro anos a mais que Sally. Um copo descartável cheio de água está ao seu lado. Com delicadeza e leveza, ele mergulha as pontas dos dedos no copo e umedece as pálpebras com suas pálidas veias azuladas. Parece desfrutar da solidão, de sua conversa sem interrupções e ao vivo com Deus, como a conversa de Elias com os pássaros na caverna. Tento imaginar Sally naquele quarto, escrevendo o mais rápido que pode no chão com a caneta hidrocor que as enfermeiras lhe permitiram guardar, desobedecendo a suas próprias regras, agora percebo, e apostando que ela não a engoliria nem enfiaria nos olhos. Que sensação de desagregação interior ela deve ter experimentado, com sua grandiosidade assustadora, jogando-se contra as paredes bege. "Qual o propósito da loucura?", perguntou o rei David a Deus depois de ter ido incógnito para as cercanias da cidade e ter observado um louco em meio à multidão no mercado. "Quando um homem rasga suas vestes e as crianças zombam dele, isso é belo aos Vossos olhos?"

— Isso não é um espetáculo, sr. Greenberg.

Cynthia Phillips me surpreendeu com a cara imprensada contra o vidro.

— Estou aqui a pedido de Yankel — explico. — É comum um paciente ficar em isolamento depois de uma semana inteira na enfermaria?

— Disseram que Noah estava gritando com sua filha ontem à noite, mas eu não estava aqui.

Vou para o quarto de Sally. Ela está na cama, inconsciente. Deixo as alcachofras na mesinha de cabeceira, dentro de uma embalagem de plástico com molho de azeite de oliva e limão, o favorito de Sally. Vou precisar fazer um apelo especial para conseguir com a enfermeira Phillips uma faca mais afiada do que as de plástico para cortar o coração da alcachofra.

Penteio uma mecha rebelde dos cabelos de Sally que estava sobre seu rosto e sacudo seu braço suavemente.

— Trouxe alcachofra.

— A arte o asfixia, papai. Você deveria desistir. É uma falsa deusa que só lhe trará dor.

Outra declaração oracular. Piscando para mim, ela solta um de seus vigorosos bocejos e desliza de volta para o rio Letes. As enfermeiras me garantiram que essa letargia é simplesmente uma fase, mas ninguém ousou dizer quanto tempo duraria.

Rufus me deixa sair da enfermaria com um lacônico aceno de cabeça, e pego o elevador para descer ao saguão, onde Yankel espera, ansioso, por notícias.

— Quando nos deixarão vê-lo?

— Provavelmente amanhã. Quando Sally ficou em isolamento, permitiram que a víssemos no dia seguinte. Fora isso, não tenho mais informações.

— Você acha que eu tenho?

— Ele não está sofrendo — digo, embora não tenha como afirmar isso com certeza. — Ele parece estar bem.

Olho de relance para sua mãe e para sua jovem cunhada, sentadas onde eu as havia deixado, com as cabeleiras postiças e os trajes característicos dos judeus ortodoxos até os pés. A garota evita obstinadamente meu olhar, parecendo uma criança na cadeira do dentista.

— Ele estava com o livro de orações? — pergunta Yankel.

— Estava.

— Idiotas! Pensam que estão fazendo um favor ao deixá-lo com o livro, que estão sendo sensíveis às suas *necessidades culturais especiais*. Não entendem nada. Deus sabe que pecado ele cometerá contra si mesmo com aquele livro. Eu mesmo deveria tê-lo levado embora. Só rezo para que o Todo-poderoso não esteja prestando atenção.

— Se Ele *estiver* prestando atenção, podemos supor que entenderá perfeitamente a situação. Dado que Ele mesmo a criou.

— Ele *tudo* observa — diz Yankel obstinadamente.

— Você está casada há muito tempo? — pergunto à garota.

— Oito meses — responde a mãe de Yankel por ela. — Noah nunca levantou a mão contra ela. Não haverá divórcio algum, a não ser que ele o conceda. E enquanto ele não estiver em condições de decidir tal coisa, eles permanecerão casados. O rabino sabe disso muito bem. É a lei.

A garota mantém seu silêncio atordoado, incapaz de falar ou proibida de fazê-lo. Está presa a um marido cuja devoção provavelmente lhe foi apresentada pela família como um bem quando o casamento foi arranjado.

Ela observa suas mãos inquietas como se fossem dois bichinhos de estimação sobre o colo.

Na tarde seguinte, Sally e Noah estão acomodados na sala de recreação conversando intensamente. Noah parece transfixado por Sally. Seus pés ainda estão descalços, a satisfação do Quarto do Silêncio em nada reduzida.

— Eles sempre dão um jeito de se encontrar — diz Yankel, aparentemente resignado com o efeito demoníaco de fascinação que Sally desperta em Noah. O livro de orações dele desapareceu; torço para que Yankel não tenha visto o que o irmão fez com o livro.

— Você consegue dormir? — pergunta ele. — Fico pensando em Noah. Tento fazer o melhor que posso. Se ao menos eu soubesse a música que o jovem David tocou para acalmar Saul.

— Não o acalmou por muito tempo — comento.

— Tudo o que peço é o milagre de algumas horas.

Yankel observa o irmão de perto, mas quando Noah olha em sua direção, ele abaixa os olhos rapidamente, talvez por cautela, para não acender uma nova centelha, ou porque está muito abalado para enfrentá-lo.

Às 18h, Yankel anuncia que precisa ir embora. Todas as quintas-feiras ele entrega comida nas casas dos membros mais pobres de seu grupo no Brooklyn.

— Todos nós contribuímos. Eles fariam o mesmo por mim, que Deus me livre de precisar.

As caminhonetes são disfarçadas como caminhões de entrega comerciais, com os nomes de mercearias de verdade.

— Assim, ninguém é humilhado. Ninguém se sente marcado por ter menos.

O objetivo é apressar o surgimento do messias na Terra, um acontecimento que exige um acréscimo considerável de *mitzvahs* ou boas ações. Depois que houverem sido realizados *mitzvahs* suficientes, a balança cósmica penderá para o lado de Deus, e a humanidade será coberta pela bondade divina.

Uma dessas ações seria convencer a mim, um judeu desgarrado, a rezar com ele. Com isso em mente, ele retira um conjunto de filactérios do bolso: caixas pretas contendo passagens minuciosamente copiadas das Escrituras, que os judeus devotos amarram em si mesmos por meio de uma intrincada série de tiras de couro. Será que eu permitiria que ele os amarrasse em mim? Recuso, educadamente.

— Seria um desperdício. Desculpe.

E ali mesmo, na sala de recreação da enfermaria psiquiátrica, Yankel Mandelbaum continua a envolver as faixas de couro em volta do próprio braço esquerdo e dos dedos enquanto murmura uma oração hebraica.

Ao ver o que está acontecendo, Rufus ordena que Yankel se livre do *tefilin* de uma vez.

— Meus pacientes poderiam se enforcar com essa gerigonça.

Yankel se levanta para partir, pingando de suor.

— Que você durma como um bebê esta noite, Noah — diz ele. — Você e eu também.

A porta da sala de recreação se abriu e Pat chega do ensaio de dança, vibrante e exausta.

— Mudei completamente o rumo das coisas — comentou ela sobre a coreografia que estava montando. — É um outro espetáculo.

Sally e Noah estão cada vez mais próximos: Noah desaparece embaixo de seu xale de oração como um fantasma em um lençol. Sally diz que ele está "dentro de uma nuvem". Noah reza em um cicio semelhante a uma risada suave. Sally arranca o xale de oração da cabeça dele. Noah a chama de "demônio". Rufus se aproxima vociferando e os aparta.

Eu e Pat levamos Sally para o lado oposto da sala de recreação. Ela se contorce, agarra meu braço, tremendo com os dentes cerrados, e me sacode violentamente. Eu atravessei seu caminho de novo! Eu sou aquele que sempre atrapalha seu caminho, que apaga as chamas de suas visões e as impede de iluminar o mundo.

Uma mulher alta, de presença marcante e cabelos de um louro-acinzentado, manda Sally me soltar: dra. Elizabeth Mason, segundo o crachá. Ela percebeu o pequeno descontrole de Sally ao passar pelo corredor.

— Nós não tocamos nas pessoas aqui. Temos de respeitar a individualidade dos outros! — Ela é muito mais alta que Sally e precisa se curvar para olhá-la diretamente nos olhos, sua voz por instantes soando como um grito histérico. —Já conversamos sobre isso, Sally. *Não tocamos nos outros!*

Sally obedece e se afasta.

— Ela não fez por mal — digo.

— Aqui, temos uma definição diferente para "mal".

Apresento-me como o pai de Sally.

— Assim imaginei. Nesta enfermaria, respeitamos o espaço individual uns dos outros. Não tenho dúvida de que entende as razões disso.

Sally dá de ombros como quem diz: *"O que eu posso fazer? Eles são assim."*

— Enquanto estiver aqui, sua filha ficará sob os meus cuidados. Nós já tivemos algumas conversas interessantes, não foi, Sally?

A resposta foi uma tímida confirmação com um movimento de cabeça.

— Posso garantir-lhe que Sally está tão chocada com o que aconteceu a ela quanto você. Vamos marcar uma reunião para a família em algum momento. Tenho o seu telefone. Aguarde meu contato.

Com isso, ela se encaminha para a sala dos funcionários: um posto de comando envidraçado onde tinha lugar um cenário de afazeres silenciosos entre telefones, computadores, manuais de diagnóstico, promoções de remédios, horários e listas de medicamentos — em visível contraste com as atividades sem propósito do restante da enfermaria. Toda aquela situação nos assegurava a existência de uma inteligência maior em funcionamento. Uma estratégia. Um grande plano.

Eu e Pat acompanhamos Sally de volta para seu quarto.

— Ela nunca aprendeu a ter limites — diz Pat. — Você e Robin não foram capazes de lhe ensinar isso.

— Talvez você devesse discutir isso com a equipe — revido.

— Ah, acho que eles já sabem tudo a respeito do assunto.

Mais tarde, vi Noah orando intensamente, sua voz ciciante cada vez mais forte. No dia seguinte, ele foi transferido para outra enfermaria.

Robin telefona do apartamento de sua tia na Bethune Street para me informar que precisa voltar a Vermont.

— George está cuidando sozinho da padaria. É demais para ele. Detesto deixar Sally, mas meu marido também precisa de mim. Sinto falta de casa, Michael. — Ela faz uma pausa. — Não acho que possa fazer nada por ela enquanto estiver trancada atrás daquelas portas. Ela não faz outra coisa além de dormir. Como se, de alguma forma, estivesse se reestruturando, com ou sem mim. Eu ficaria se achasse que isso poderia ajudá-la, o pouco que fosse.

— Eu sei.

— Talvez agora seja preciso abandonar a ideia de que podemos salvá-la.

Depois de Robin ter visitado Sally para se despedir, nos encontramos em uma loja de produtos naturais perto do hospital. Robin está no seu limite. O des-equilíbrio de Nova York a derrubou, diz ela.

— Pisei em cima de um pombo morto. Estou extremamente enojada.

Caminho com ela até o carro. A tarde está infernal. Robin segura um lenço no rosto, como se estivéssemos andando entre corpos: o hálito sepulcral de julho em Nova York. Um caminhão de limpeza de rua passa oscilando, sua escova de cerdas girando pelo meio-fio, lançando ao ar restos de lixo.

— Estou feliz por nós três termos conseguido passar algumas horas juntos — comenta ela. — Para ser franca, estava nervosa com nosso encontro. Mas correu tudo bem. Queria conseguir explicar o que aconteceu com Sally, mesmo que isso significasse ser minha ou nossa culpa. Queria poder dizer: "Foram os pesticidas, ou uma vacina, ou algo que ela comeu..."

Ela abre seu Honda. Um pequeno urso de madeira com uma expressão confusa e surpresa pende do espelho retrovisor: uma das extraordinárias esculturas feitas por Robin.

— Aprendi a fazer essas coisas sem criar expectativas — diz ela em resposta ao meu comentário de apreciação.
— Só levei 25 anos para parar de me preocupar se as pessoas consideram isso arte. — Ela manobra para tirar o carro da vaga, depois para e abaixa o vidro. —Prefiro ser otimista. Recuso-me a ver isso como um fim para Sally. Seus pensamentos são apenas armadilhas.
— Vou ligar para você ao menor progresso que houver — digo.
— Sei que vai. Confio em você, Michael.
Robin vai embora.

Guarde sua empatia para si mesmo. Evite fazer contato visual com os pacientes. Nunca discuta. Resista a criar uma identificação muito forte com os outros e mantenha a ilusão de privacidade com seus companheiros visitantes, como você agiria se estivesse fazendo piquenique em um parque cheio de gente, cada um sentado separadamente sobre sua toalha. Faça amigos com os membros da equipe de funcionários, se possível, e não espere nada em troca como forma de garantia.

Depois de sete ou oito dias, eu e Pat nos tornamos pessoas experientes com relação à enfermaria psiquiátrica, familiarizados com seus códigos tácitos de conduta e procedimentos misteriosos. O segurança no saguão, que barrou nossa entrada quando Sally estava em isolamento, agora nos cumprimenta cordialmente com a cabeça, e no andar superior Rufus abre as portas para nós como seria de esperar. Entramos no ritmo do lugar, nos habituamos com pacientes e funcionários da mesma forma que alguém se acostuma com os rostos no trem que pega para ir ao trabalho.

Pat não fez qualquer comentário sobre a partida de Robin. "A verdadeira mãe", como a chama. Como sempre, ela tem mostrado enorme zelo por Sally, dedicando-lhe total atenção. Ela a ouve com os olhos entrefechados. Sally, por sua vez, trata Pat como se somente ela entendesse o funcionamento espetacular de sua mente.

— Estou animada com isso. É automático — disse Pat com certo ar resoluto.

Tentamos ser gentis um com o outro, mas o esforço é evidente.

— Você acha que ela vai sair dessa? — pergunto muitas vezes.

A resposta neutra de Pat me desanima. Irracionalmente, gostaria que ela tivesse mais certeza. Às vezes, ela anota alguma coisa no caderno.

— Para o meu espetáculo — explica.

— Você está encontrando material nisso tudo? — pergunto com um certo aborrecimento.

— Não vejo a situação dessa forma — responde ela e desaparece, indo telefonar para suas bailarinas a fim de marcar outro ensaio.

Os dias passam. Somos uma força silenciosa no quarto de Sally. Digo a mim mesmo que uma espécie de estagnação foi atingida. Sally não piorou, está em suspensão, confinada com segurança em um "ambiente controlado", como diz o psicólogo Donald Winnicott. Ao observá-la na camisa de força de seus medicamentos, às vezes não sei dizer se está acordada ou não — e me pergunto se os dois estados são indistinguíveis para ela também. Acho que ela está em uma "terra de ninguém", o que os budistas chamam de *bardo*, o estado entre a morte de uma encarnação e o nascimento da seguinte, onde as "mentes desencarnadas" pairam, nem aqui nem do outro lado.

Uma brisa rara passa pelo quarto, e Sally diz que o ar está "fazendo cócegas" nela "como uma pluma". Sua languidez se dissipa, para retornar em seguida com um peso a reboque. Ela esfrega os punhos nos olhos, sorri sem motivo e depois se dirige a mim com uma nova explosão de afrontas. Quando sua mania aparenta estar definitivamente aniquilada, ela se ergue com uma nova e poderosa carga. Em tais momentos, Sally parece estar agarrada a ela como ao seu próprio ser. Imagino a mania como algo separado e vivo dentro de Sally, um gnomo, como Rumpelstiltskin, astuto e teimoso, que fala com ela em um sussurro, prometendo riquezas e encontrando uma maneira tortuosa de crescer e viver à sua custa.

Decido levar algo para Sally ler. Livros estão fora de questão: apenas evidenciariam o fato de sua concentração estar comprometida. Uma revista seria mais apropriada, penso. Mas qual escolher? A revista sobre celebridades é muito pomposa; e a revista sobre as dores e alegrias de ser mulher me parece uma crueldade, pois promove uma perfeição além do alcance de Sally. Escolho uma sobre comida e a deixo sobre sua mesinha de cabeceira. Assim disposta, a capa com os dizeres "Onze Coisas que Você Pode Fazer com Mirtilos" parece absurda.

Enquanto Sally dorme, passo o tempo na sala de recreação, sentado em meu lugar favorito sob a reprodução de uma pintura de Chagall: um casal em um banco de madeira, uma cerca no primeiro plano e um anjo esmaecido flutuando acima deles sob a lua cheia. Os pacientes entram e saem da sala aos poucos, a aparência borrada de uma fotografia mal revelada em laboratório. Ali é a praça pública da enfermaria. Uma mulher de cabelos escuros entra em uma cadeira de rodas, empurrada por um jovem esguio de chapéu-panamá e um paletó branco de linho. Eu a reconheço da fila de distribuição de remédios. Em seu colo há um xale de caxemira azul e uma pequena pilha de livros: *Perto das trevas*; *A redoma de vidro*; *Uma mente inquieta*; *Garota interrompida* — textos contemporâneos sobre perturbação mental. Eles param em um canto, com ar de aristocratas exilados em alguma cidadezinha perdida no tempo. O rapaz acaricia a mão dela, talvez para tranquilizá-la. Com um lenço dobrado, enxuga delicadamente o suor em sua testa.

No dia seguinte, a vejo no corredor, exigindo que a enfermeira Phillips a empurre para a sala de recreação.

— Você pode perfeitamente se levantar e andar até lá por conta própria, Kara — diz Phillips, como se falasse com uma criança. Furiosa, Kara se impulsiona pelo corredor empurrando as rodas com as mãos, como alguém forçado à indignidade de um trabalho subalterno. Entro na sala de recreação atrás dela e me sento embaixo do Chagall. A televisão faz barulho. Um visitante lê cuidadosamente o horóscopo no *New York Post* da semana passada. Após passar os olhos pela sala, Kara para perto de mim.

— Eles me colocaram sob um tipo de vigilância para suicidas — diz ela como se jogasse conversa fora, entediada. — Isso é totalmente ridículo. Não há nada de errado comigo que um neurologista competente não pudesse resolver, se tal pessoa existisse neste lugar abandonado por Deus.

Protegendo os olhos do sol, ela olha pela janela trancada com cadeado em direção às torres amontoadas do East Side.

— Eu perdi os sentidos, e quando recobrei a consciência, não podia mexer as pernas. Assim que meu pai chegar, vai arranjar um médico de verdade para mim e todo esse absurdo terá um fim. Ele prometeu que viria.

Ela chama os psiquiatras ironicamente de "esses inspetores da sanidade", desacreditando sua capacidade médica e rebaixando seu status ao de fiscais. Apontando para uma das pacientes, ela afirma:

— Eles deram o remédio errado a ela. — De um outro, diz: — Eles não se importam com o que ele realmente está sentindo. Só tratam dos sintomas. Nenhuma emoção.

Concordando, menciono um paradoxo da psiquiatria: o transtorno mental é reconhecido pelos pensamentos deturpados do paciente, mas, em larga medida, o tratamento não leva em conta o seu conteúdo.

— Você é exatamente igual ao restante deles — diz Kara, retirando-se para o lado oposto da sala de recreação com brusquidão.

Em seu quarto, Sally está acordada e folheia a revista que levei.

— Humm, mirtilos.

Solto uma risada, satisfeito, enquanto ela estuda as figuras brilhantes. Quando estou saindo, vejo o jovem de chapéu-panamá no final de sua visita. Kara se levanta da cadeira de rodas e caminha com ele até a porta. Não parece perceber que está de pé até que a enfermeira Phillips, prestes a destrancar a porta da entrada principal da enfermaria para ele, diz:

— Talvez esteja na hora de nos livrarmos dessa cadeira para deficientes físicos.

Como se aproveitasse a dica, Kara começa a oscilar. Com impaciência, a enfermeira Phillips agarra seu braço antes que ela perca o equilíbrio.

— Vamos lá, meu bem. Você não vai conseguir o que quer fingindo que não pode andar.

Com a ajuda da enfermeira Phillips, Kara volta claudicante para o quarto como uma atleta machucada.

No dia seguinte, ela caminha por conta própria, vacilante como uma corça, para a sala de recreação, segurando um caderno com uma caneta enfiada entre espirais. Um triunfo. A mãe está esperando por ela junto com o jovem de chapéu-panamá, que agora constato ser seu irmão. Ele parece mais fascinado que nunca pela beleza austera dela: os lábios rachados, a pele uniforme e os lustrosos cabelos negros. Com uma voz clara e áspera, sua mãe descreve uma exposição de arte que viu mais cedo naquele dia.

— Um trabalho maravilhoso, feito por uma mulher da sua idade, Kara. Perturbador, mas de uma forma positiva.

Kara diz que está sentindo frio. Ela se levanta para ir ao quarto, mas suas pernas cedem sob o peso do corpo, e ela se deixa cair novamente na cadeira. O irmão tenta ajudá-la a se levantar, mas ela o afasta. Sinto um desejo irracional de substituir seu pai, que não apareceu. Eu poderia fazer por ela o que não fui capaz de fazer por Sally. Mas o que isso significaria? Ao perceber meu olhar, Kara se vira com uma apatia majestosa e enterra a cabeça entre as mãos.

Ao saber que ela recebeu alta, pergunto à enfermeira Phillips se Kara conseguiu deixar a enfermaria andando.

— Não posso lhe dar essa informação, sr. Greenberg — responde ela. — Sabe muito bem disso para perguntar.

De manhã, Aaron telefona de Ohio.

— Tenho a impressão de estar em um desses filmes futuristas que mostram a Terra como um planeta devastado. Tudo o que era bom foi destruído. Você percebe o quão impotente nós estamos quando algum idiota decide levar vantagem simplesmente porque pode.

Ele está no aeroporto, voltando para a faculdade no norte do estado de Nova York.

Desta vez, tento ser direto com ele. Ouço as palavras "colapso" e "hospital" saindo de minha boca e percebo que ele acha que estou descrevendo um acidente de carro.

— Não, não, o colapso foi na cabeça de Sally. Aconteceu de um dia para o outro. Não sei como descrever. Ela simplesmente se foi.

— Não entendo.

— Ela está em um hospital psiquiátrico.

Sinto que ele luta para compreender a situação.

— Você está dizendo que minha irmã está maluca? Quem decide uma coisa dessas? Nem sei o que isso significa!

— Ninguém decide. Não é uma decisão.

— Isso é uma tremenda besteira.

— Queria que fosse esse o caso.

— Mamãe está aí?

— Estava. Precisou voltar para Vermont.

— Você achou que eu não aguentaria, pai? — Ele concluiu que eu não lhe contei a verdade quando telefonou alguns dias atrás do hotel em Youngstown. — Você podia ter me deixado ajudar.

Pat está sentada à mesa de jantar, escrevendo em seu caderno. Leio sobre seus ombros: *As vozes nas cabeças das bailarinas. Sussurrando por trás delas. Implacáveis.*

— Aaron, o que você está fazendo é importante. Não quero que você pare sua vida como parei a minha.

— Vou mudar meu voo — diz ele. — Vejo você em algumas horas.

Aaron chega ao hospital no final da tarde, 1,89 metro, rosto redondo, bonito, irrompendo no quarto de Sally com passos largos e uma ginga brincalhona.

— Scooch, você está incrível — diz ele, usando o apelido que inventou para ela. — O que você está fazendo neste lugar?

Ele chega carregado de presentes — a *New Yorker*, *Newsweek*, *People*, *Vogue* — as mesmas revistas sobre as quais eu havia ponderado e achado melhor não levar.

— Papai lhe contou por que me prendeu aqui?

Aaron a envolve com os braços, de modo amoroso e espontâneo, escondendo sua angústia.

Ele me chama para o corredor. Parece mais magro do que da última vez que o vi e está deixando crescer uma barba rala e desigual.

— Achei que a conhecia — diz ele, seu tom de voz com um quê de alguém que foi deliberadamente iludido. A ideia de que sua irmã age sem qualquer resquício de intenção racional é incompreensível para ele, assim como foi para mim no começo. Com um único golpe, a identidade dela mudou; e por extensão, nossa identidade como família também. Percebo que ele se faz a mesma pergunta que eu: Para onde ela foi?

Horrorizado, ele descreve uma paciente com quem deparou no caminho para o quarto de Sally: uma mulher gorducha e banguela, com os cabelos desgrenhados, que devorava uma manga.

— Fabulosa — digo.
— Você a conhece?
— Tenho passado muito tempo aqui.
— Isso não pode ser bom para Sally; quero dizer, se identificar com essas pessoas. Pai, ela não é como a Fabulosa. Este não é o grupo do qual ela deveria se dizer que faz parte. Pense bem, ao deixá-la aqui, estamos afirmando que ela é maluca. — Ele passa um braço em volta de mim. — Você está com uma aparência horrível.

Então, baixando o tom de voz, ele repete minha própria crença frustrada de que a causa do estado alterado de Sally são as drogas.

— Já vi pessoas enlouquecidas depois de uma *bad trip* na escola. Ficam desatinadas. Mas voltam a si.

Quando comento com Aaron que já havia pensado nessa possibilidade, ele não se convence.

— Você não chegou ao fundo da questão. Se ela tomou um ácido, tem todos os motivos para não ser sincera com você sobre isso. Deve estar com medo de que fique zangado; e não vai querer dedurar suas amigas. Sally se sentirá mais à vontade comigo para contar seus segredos. Veja só.

E com isso ele volta para o quarto dela sem mim, fechando a porta cuidadosamente.

Aaron, o salvador. Fico comovido com seu impulso de provar que Sally não pertence àquele lugar.

Vejo a dra. Mason saindo da sala dos funcionários.

— Sally foi testada quanto ao uso de drogas? — pergunto.

— Sim, foi feito um exame toxicológico, sr. Greenberg. Quando ela foi internada. É o procedimento padrão. Sally não apresentou qualquer indício.

Quando sai do quarto de Sally, Aaron me abraça.

— Exatamente como eu pensei. Ela tomou ácido, pai. Saiu com alguns amigos e não quis ficar de fora. Não diga nada que eu lhe contei, ela me fez jurar segredo. Tem medo que você nunca a perdoe. "Papai vai me odiar por mentir", disse ela. "Papai quer acabar com tudo isso. Ele está muito triste. Você acha que eu o deixei triste?" Ela chama você de "papai" agora, por algum motivo. É um pouco esquisito. Você tem que conversar mais com ela, pai, tentar não demonstrar muita preocupação. O importante é que ela não está maluca. É apenas uma *bad trip*. Uma onda muito ruim.

Ele me abraça novamente, mais alto e mais forte que eu, atributos herdados da parte sueca de sua mãe.

— Você está chorando, pai.

— Estou?

Ele parece espantado.

— Nunca vi isso antes.

Entramos no quarto de Sally.

— Ela está morta para o mundo — sussurra ele. — É melhor assim. Provavelmente, voltará a si amanhã. Você poderia falar com os médicos sobre todos os remédios que estão dando a ela? Parecem lhe fazer tão mal quanto o que a trouxe para cá. Eu preferiria que eles simplesmente deixassem o efeito do ácido chegar ao fim.

Conto-lhe sobre minha conversa com a dra. Mason.

— Não é possível. Os resultados devem estar errados. — Ele faz uma pausa, desolado. — Ela foi tão convincente. Não acredito que tudo tenha sido invenção. — E então ele me relata os detalhes da "viagem" de Sally: o parque e o Sunshine Cafe, a certeza potencialmente fatal de que poderia parar os carros em movimento; os mesmos fatos simples, embora fantásticos, que eu havia repassado dezenas de vezes em minha cabeça.

— Tudo o que ela lhe disse é verdade — digo. — Exceto o ácido. Ela não tomou nada.

— Por que ela mentiria para mim?

— Provavelmente ela não pensa nisso como uma mentira. Por mais difícil que seja de acreditar, ela pode ter achado que estava protegendo você. Ela acredita que não conseguimos suportar a verdade. A verdade *dela*.

— Ela está certa, eu não consigo.

Posso sentir que Aaron está avaliando sua participação no surto de Sally, passando pelos estágios que eu também passei, porém enquanto irmão. Teria ele sido muito cruel com ela quando eram crianças?

— Eu implicava com ela. Fazia gozação do seu jeito esquisito. Como posso ter certeza de que não fui eu que a empurrei para isso?

— Você fez o que todo irmão faz com a irmã caçula — garanto-lhe.

Vamos para a sala de recreação, onde vagam pacientes em diferentes estágios de desintegração e recuperação.

— Não podemos permitir que ela faça parte disso.

— Nós não parecemos muito diferentes — brinco.

Mas nós somos diferentes, e com Aaron perto de mim, a sala de recreação se torna estranha e fria. Fabulosa, com um lenço em volta da cabeça, age como se estivesse apaixonada por Aaron, espreitando e rindo, sonhadora. Mitchell, um jovem cuja ambição de se tornar bibliotecário foi interrompida pela esquizofrenia, pisca significativamente para nós, depois pede desculpas pelo constrangimento.

— Não foi minha intenção ameaçar vocês — diz ele.

Os pacientes ignoram uns aos outros na maioria das vezes, mas com uma delicadeza que parece conectada de alguma forma à sua essência partida. Aaron observa a mesma coisa.

— Eles vivem juntos, ainda que separados.

Insisto em que ele me conte mais sobre Youngstown, e uma certa animação aparece furtivamente de volta em sua voz.

— Sinto que estou no auge de minhas forças, pai. Enquanto Sally... — Ele para, contendo-se. — Fico feliz por não estar nesse lugar... e me sinto culpado por isso. Queria saber o que fazer por ela.

— Volte para a universidade. Escreva sua monografia. Mal posso esperar para ler seu trabalho.

Prometo manter contato; Sally não vai ficar para sempre na enfermaria.

— Os pacientes não são mantidos internados por muito tempo hoje em dia.

À noite, estou na frente do supermercado na Hudson Street, esperando meu irmão Steve. De novo, era hora de supri-lo com os ovos e vegetais congelados, as sopas e os cozidos enlatados necessários à sua sobrevivência. Desde a morte de nosso pai, há dois anos, temos nos encontrado neste supermercado, e é com esforço que afugento de minha mente a imagem de Aaron se encontrando com Sally dessa maneira daqui a trinta anos, o sustento dela como uma das tarefas de rotina dele, do mesmo jeito que a subsistência de Steve é uma de minhas responsabilidades.

Meia hora se passa e Steve ainda não apareceu. Ele cancelou nosso último encontro, telefonando para me informar que não estava passando bem e recusando minha oferta de levar a comida ao seu apartamento. Aquilo era surpreendente. Ele sempre fora extremamente dependente de nossos encontros, chegando aflito com uma lista de novas coisas para que eu comprasse. Cheguei a acreditar que Steve tinha uma certa consistência, embora pudesse ser apenas minha determinação intolerante de não ser absorvido muito profundamente por aquele universo. Ele é assim, dizia a mim mesmo. Não pode ser mudado. E veja, sua vida solitária também tem seus prazeres: ovos fritos e chá ao acordar pouco depois do meio-dia; os filmes de Woody Allen e Humphrey Bogart aos quais ele assiste repetidamente com o mesmo interesse; suas latas de fumo semanais e a poltrona reclinável, com o apoio de ajuste para os pés...

Ligo para ele de um telefone público e uma voz estranha atende. Não me lembro de ter visto Steve alguma vez recebendo uma visita em seu apartamento.

Pergunto se ele está.

— Quem quer saber?

— O irmão dele, Michael.

— Ouvi falar muito de você, sr. Irmão.

— Você é um amigo? — pergunto, e imediatamente a palavra me desconcerta: ao que eu soubesse, Steve não tinha um "amigo" desde os 12 anos.

— Eu estaria aqui se fosse seu inimigo?

Possivelmente, penso. E em um lampejo de culpa e amargura, vejo Steve como estava da última vez em que nos encontramos: com queimaduras de isqueiro nas pontas dos dedos e a calça jeans viscosa e encardida, convencido de que os funcionários do supermercado haviam escondido o estoque de chá Lipton sem qualquer outro motivo a não ser a vontade maligna de privá-lo de seus desejos.

O dono da voz passa o telefone para Steve, e ouço o "Sim?" mal-humorado e beligerante de meu irmão.

— Tenho boas notícias — digo. — As prateleiras estão cheias de caixas gigantescas de Lipton. Estou olhando para elas agora mesmo. Vamos levar uma caixa a mais, assim você não será pego desprevenido. Agora, me diga. Por que não está aqui? Estou esperando desde as 8h30.

— Não fode, Mikey. Estou sob muita pressão no momento.

— Que tipo de pressão?

— Você precisa enfiar uma coisa na cabeça, irmãozinho. Eu não preciso mais de você.

Ele parece embriagado, agitado e fala com dificuldade. Fico anestesiado de cansaço e ressentimento ouvindo-o falar. Que aquele resvalo de súbita piora estivesse ocorrendo ao mesmo tempo do surto de Sally parecia algo absurdamente operístico: uma investida cômica tramada por um libretista perverso.

— Quem atendeu ao telefone, Steve? — pergunto.

— Foi o Junior. Ele trabalha comigo nos gregos.

Os "gregos" são os dois proprietários da floricultura para a qual Steve ocasionalmente entrega flores.

— Você tem ido ao trabalho?
— Vá se foder, irmãozinho! Deixe-me em paz!
E em seguida o som de bofetada do fone batendo na base com toda a força.

Essas explosões de Steve são relativamente recentes. Elas tiveram início após a morte de nosso pai; antes disso, o penoso desconforto social de Steve se expressava, na maioria das vezes, com uma gagueira apologética e tímida. Ainda me parece surpreendente ouvi-lo falar palavrões. Ele sempre dera a impressão de hesitar diante de palavras como "foda" e "babaca" e havia passado a maior parte de sua vida estrategicamente concentrado em não chamar a atenção para si. Com a morte de Bernie, no entanto, alguma coisa dentro dele pareceu mudar. Estável por décadas, sua "condição", como nos referíamos discretamente àquilo, entrou em uma fase menos previsível. Dos cinco filhos de Bernie, Steve foi o único que não o visitou no hospital no fim de sua vida. Ele aparentava uma indiferença estranha com relação à saúde cada vez mais precária de Bernie, e eu me perguntava se Steve seria incapaz de sentir pesar: abrir as comportas de sua estanque vida emocional, mesmo que alguns centímetros, poderia afogá-lo. Bernie havia sido a temível e fidedigna fonte de suporte material de Steve, bem como de amor. Ele gritava com Steve por qualquer motivo: "Você é um imprestável! Não consegue fazer nada direito!" Ao que Steve abaixava a cabeça, como se concordasse com aquela avaliação obscura de seu caráter e fosse grato a Bernie por lhe mostrar aquilo. No entanto, por trás da irritabilidade de Bernie, havia um afeto paternal e protetor. Muitas vezes, seu menosprezo era seguido por um nobre ato de generosidade: uma suntuosa e suculenta refeição no restaurante ensebado que Bernie adorava ou um passeio à loja para comprar um novo par de tênis.

— Você pretende me deixar morrer de fome? — perguntou Steve à nossa mãe, Helen, após Bernie ser enterrado. Ele telefonava toda hora para lembrá-la de suas necessidades: sacos de lixo, sabão, lâmpadas, açúcar. O que começou como um teste logo se tornou uma forma de punição. — Preciso de chicletes, um balde de gelo, um limpador de cachimbo, um prendedor de cabelo. E, em seguida: — Preciso de uma manta, uma secretária eletrônica, uma luminária, um ventilador.

Ele se tornou impulsivo e irritadiço, dado a explosões de crueldade verbal que nos fizeram perceber o quanto havia se contido durante todos os seus anos de tímido recolhimento.

A interação de Steve com Helen jogou-a no estertor do pânico. Vendo o desespero mútuo de ambos, eu me ofereci para assumir a função de cuidar dele. Tanto Helen quanto Steve aceitaram a sugestão.

Após desligar o telefone, resolvo ir para o apartamento de Steve, na esquina da Twenty-second Street com a Ninth Avenue. O prédio faz parte de um bloco de edifícios de tijolos brancos de vinte andares que não se decidiu se quer ser igual a um Holiday Inn ou a um conjunto habitacional subsidiado. O saguão de vidro é convidativo, mas nos corredores acima o carpete está puído e as paredes, sujas com marcas de mãos e outras manchas menos identificáveis. A pedido de Bernie, eu havia feito a mudança de Steve para o apartamento em 1975, com um caminhão alugado e a ajuda de um de nossos irmãos. Embora Steve fosse o segundo irmão mais velho, tinha sido o único a continuar vivendo na casa dos pais; aos 27 anos, não havia dado qualquer indicação de que pretendia partir um dia. Ele começara a perambular até o quarto de nossos pais no meio da noite, ficando impassível aos pés da cama, observando-os enquanto dormiam. "Como uma estátua no museu de cera", dizia Helen. "Não podia tolerar aquilo."

Bernie mandava que voltasse para o seu quarto, e Steve lhe obedecia como um criado dispensado. Mas na noite seguinte, lá estava ele novamente. "Juro por Deus, esperava que ele fosse me matar", dizia Helen. Finalmente, Bernie cedeu à insistência dela para que alugasse um apartamento para Steve, algo que ele vinha adiando como um ônus financeiro "sem um prazo para acabar".

Steve ganhou um "conjugado", um apartamento de um quarto, com iluminação entrando por janelas de ponta em uma das paredes. O assoalho de tacos havia recebido uma camada de poliuretano com sinteco de alto brilho, um claro anúncio do recomeço de Steve. Ele parecia se sentir ao mesmo tempo rejeitado por seu exílio forçado de casa e seduzido pelo novo pouso que lhe havia sido confiado como (chamemos pelo devido nome) um suborno. Foi a formidável e completa novidade do lugar que conquistou Steve, desafiando sua resistência como um carro novo. Ele havia sido provido de tudo de que precisava, incluindo a poltrona reclinável que levara Bernie a fugir cautelosamente de seus padrões para adquiri-la. Logo que a colocamos no lugar, Steve sentou-se nela como um homem imergindo em uma banheira de água quente. Sempre que o visitava, ele se sentava naquela espreguiçadeira, fumando seu cachimbo e bebendo chá Lipton do pote de picles que hoje em dia, vinte anos depois, continua a ser usado.

Agora, subo até o quarto andar e bato à sua porta. Ele abre uma fresta e espreme-se de lado para ficar no corredor, fechando a porta atrás de si em uma tentativa óbvia de barrar minha entrada.

— Qual é o problema, Mikey? Parece que você levou uma surra do exército israelense.

Um insulto preventivo, com o objetivo de desviar a atenção de sua própria aparência alarmante. Eu nunca o vi tão acabado. Steve está amarelado e esquelético, com exceção do peito, que se projeta como um barril cujo quarto arco está a ponto de explodir, um dos sintomas iniciais de enfisema. Seus cabelos estão com o comprimento de uma barba de quatro dias, cortados rentes com o aparelho à pilha que eu comprei para ele após semanas de insistentes pedidos. Os olhos pequenos e encavados se movem com rapidez de um lado para o outro, como se ele tivesse acabado de abandonar a cena de um crime e esperasse ser pego a qualquer momento. Há um corte pardacento e ressecado no lado esquerdo de sua têmpora.

— Você lavou suas roupas? — pergunto pouco convincente.

— Minhas roupas! Por que está tão interessado se lavei minhas roupas? As porras das minhas cuecas! Minhas camisetas!

— Você está imundo, Steve. Olhe para si mesmo. Eu lhe dei vinte dólares para lavar as roupas.

Ele projeta a cabeça até que fique a centímetros da minha, como se me desafiasse a lhe bater.

— Quem é você para me dizer que eu deveria lavar as porras das minhas roupas? Ninguém. Está me ouvindo? *Ninguém*. Meu irmãozinho babaca e filho da puta, tentando ser como nosso pai. Você não é ele. Nem de longe. Então, vá se foder! Ouviu o que eu disse? *Vá se foder!* Não preciso que meu irmão caçula tome conta de mim.

Atrás de mim, ouço um forte barulho metálico: é o vizinho do outro lado do corredor trancando a porta.

— É constrangedor o jeito com que você fala, Steve. O andar inteiro pode ouvir.

Ele está respirando com uma dificuldade doentia, ruidosamente, gesticulando com seu cachimbo de sabugo de milho apagado e esfregando a cabeça furiosamente, enquanto me diz que tem "muitos problemas, Mikey, mais do que você imagina, agora some daqui!". Ele tenta se esquivar para dentro do apartamento, mas eu empurro a porta atrás dele e sou surpreendido por um bafo quente de odor azedo que faz meus olhos se encherem de lágrimas. Três corpos estão esparramados sobre cobertores de lã no chão. Um deles, uma mulher cadavérica de idade indeterminada, parece dormir profundamente, assim como o homem enrugado ao seu lado, que usa um boné do Departamento de Parques e Jardins de Nova York, de sob o qual sai um punhado de cabelos brancos. No cobertor ao lado, está deitado um homem corpulento com um cigarro Newport aceso em uma das mãos e uma garrafa quase vazia de uísque Crazy Horse na outra.

— Quero que conheça meus amigos, Mikey. Gente boa. De confiança. Fiz algumas amizades. — E Steve orgulhosamente me apresenta Junior, que, segundo ele, já fizera parte da equipe de futebol americano na Lincoln High School.

— Um atacante furioso, um batedor de primeira, uma celebridade, Mikey. Conhecido na cidade toda.

— Oi! — diz Junior, me oferecendo um trago de Crazy Horse, que recuso.

Steve apanha a garrafa e toma um gole exagerado, de modo espalhafatoso. Ele está radiante: o anfitrião perfeito.

— Parece que seus amigos estão vivendo aqui, Steve.

— Eles estão de visita. De Visita! Visita! Posso imaginar o que você está pensando, irmãozinho, mas está completamente enganado. Eles não são uma ameaça. Não me consideram uma *obrigação moral*, um *fardo*, como sou para você, caralho. Somos amigos. *Amigos*. Já ouviu falar em espontaneidade de sentimentos, irmãozinho? Acho que não. Isso o deixa nervoso. — Ele dá sua risada melancólica habitual e continua a falar rapidamente, sem gaguejar. — Não estou dizendo que você tem problemas mentais, Mikey. Mas você sempre foi muito solitário, e quando você é sozinho, é capaz de deixar qualquer temor entrar na sua cabeça. Você tem que aprender a confiar nas pessoas. Nem sempre elas são um estorvo. Nem sempre tentam esconder as coisas de você para sacaneá-lo. Às vezes, elas compartilham. Sim, senhor, elas fazem isso.

Entre os pertences das "visitas" de Steve e seu próprio acúmulo de livros de bolso, roupas sujas, latas de fumo, moedas de um centavo e caixas de broches de campanhas políticas esquecidas ("Beame é o candidato!"), é quase impossível me aventurar mais além no apartamento. A poltrona reclinável está puída até as entranhas de metal e tecido. Steve finalmente quebrou o feitiço da vagabundagem e entrou em ação. Ele trocou sua única fonte de status social — aquele conjugado seguro, que estivera entre ele e os desabrigados, as grelhas para aquecer, os bancos dos parques e os vagões do metrô da meia-noite — pelo companheirismo daquela turma. O que aparenta ser carcaças recuperadas de equipamentos eletrônicos obsoletos está espalhado em pilhas de um metro e meio de altura no banheiro, na cozinha, em volta da cama e em cada centímetro desocupado do lugar: plataformas giratórias, aparelhos de som, toca-fitas, amplificadores, fornos de micro-ondas, secretárias eletrônicas... Alguns deles, no entanto, ainda estão nas caixas originais, e eu me pergunto se o apartamento de Steve está sendo usado para guardar coisas roubadas.

Steve explica a confusão como "mercadorias" para um "empreendimento comercial" do qual é sócio "integral e efetivo".

— Levamos as coisas até St. Marks Place. À meia-noite. Todo mundo faz isso. Basta dispor as mercadorias na rua e você está pronto para fazer negócios. Quando se tem estoque, Mikey, as pessoas o conhecem. Os policiais fazem vista grossa depois da meia-noite.

— Você tem que ver — comenta Junior.

— Tem mesmo! — diz Steve. — Fique mais um pouco. É uma feira. Nós vamos para lá em algumas horas. Lixo é dinheiro. Nosso pai sabia disso, tinha seu depósito de ferro-velho. Sucata também é lixo. A vida após a morte daquilo que foi jogado fora.

Ele enfia um alto-falante gigantesco embaixo de um braço e um amplificador monstruoso debaixo do outro, seu rosto cada vez mais azulado pelo esforço, que deixa seus músculos franzinos e enrugados salientes.

— Posso carregar essa tralha por toda a cidade. Sou uma usina de força, Mikey.

Steve coloca a mercadoria no chão e se levanta de ombros curvados, a cabeça pendendo para a frente e o lábio inferior caído e trêmulo. A única luz na casa vem do cigarro de Junior e de uma lâmpada de baixa voltagem no banheiro, uma escuridão que me faz lembrar da atração de Steve por quartos escuros quando criança. Eu o visualizo como era naquele tempo, cinco anos mais velho que eu, com seu gaguejar tímido e inaudível. Naquela época, eu era fascinado por ele de uma maneira que nenhum dos meus outros irmãos era: sua resignação à solidão, sua tranquilidade. Ele parecia estar sempre escapando para algum canto vazio da casa, onde eu, com 5 ou 7 anos, o espionava, atraído por seu olhar assustado e sua alvura, pois era o único de nós com cabelos louros.

— Sei que você pensa que nunca tentei fazer amigos por causa da minha doença, algo que eu mesmo provocava. Sei que você e papai acreditavam nisso. Mas olhe para mim, Mikey. Estou tentando acabar com isso. E você, simplesmente, quer tirar isso de mim e me foder. Você espera que eu me sente sozinho na porra desse quarto, sem ninguém, sem nada, até morrer. Nosso pai costumava me dizer: "Você nunca terá amigos. Não se pode ser uma pessoa normal sem amigos." Se ele estivesse vivo, não poderia mais dizer isso. Poderia, Mikey?

Tento apelar para o seu senso de autopreservação, invocando o termo "vida assistida", o qual sei que ele detesta.

— Se continuar assim, você vai perder sua independência, tudo o que conseguiu manter nesses anos todos. Steve, está me ouvindo?

Espero por alguma indicação de que tenha conseguido me fazer entender. Mas nada se faz entender. Junior toma outro trago de Crazy Horse, aparentemente entediado com minhas solicitações. Eu me sinto peculiarmente distante, como se não estivesse envolvido. Sei que deveria tomar alguma providência, mas o que constitui uma "providência" no caso de um homem de 48 anos cronicamente perturbado? Não tenho como expulsar Junior ou os outros dois que dormem no chão. Com certeza, não posso chamar a polícia sem correr o risco de prejudicar Steve, especialmente se alguma dessas "mercadorias" for roubada.

Dou um jeito de forçar minha passagem um pouco mais no quarto. Passo por uma pilha oscilante de rádios com fios à mostra em direção ao local onde Junior — um homem grande e forte que engordava a passos largos — desfruta seu coquetel.

Pego a bolsa de ginástica que presumo conter seus pertences e a jogo para ele, me agachando ao seu lado e abaixando minha voz para o tom mais ameaçador possível.

— Você não me engana — digo-lhe. — Estou vendo exatamente o que você e seu bando estão fazendo, sacaneando meu irmão, usando seu apartamento como alojamento onde vocês podem esconder mercadoria roubada e ficar doidões. É a mesma coisa que se aproveitar de uma criança. Está me ouvindo, Junior? Quero que suma daqui nesse instante e leve os infelizes desses amigos drogados com você. Talvez você não saiba o quão doente meu irmão está. Ele está sob medicamento, medicamento forte, em estado crítico: drogas e álcool podem matá-lo, e se isso acontecer, você será responsabilizado por homicídio culposo. Quero ter certeza de que entendeu isso. Homicídio culposo. Pena de cinco a dez anos.

— Steve está doente? — pergunta ele. — Você está dizendo que ele está doente? Eu sei que ele está doente. Todos estamos. Por isso estamos aqui. — Ele ri. — Admiro sua preocupação por ele. É sua família, você está agindo certo, mas não precisa se preocupar. Porque Junior está tomando conta dele. Você tem minha palavra. Pergunte ao seu irmão.

Na Bank Street, Pat está entretida com um livro de gravuras de Piranesi sobre "prisões": espaços imaginários com abóbadas que sugeriam basílicas em ruínas, majestosamente cruéis com suas roldanas e pontes levadiças e pilares de ferro com correntes. Seu caderno está aberto, cheio de anotações coreográficas e fragmentos de frases que podem ser entendidos pelo fio de raciocínio de Pat, mas não pelo meu.

Ela me cumprimenta com o "Oi" breve e obrigatório de quem não deseja ser interrompido.

O telefone toca. É Robin.

— Hoje é noite de lua cheia, Michael. Queria que você pudesse ver. Suspensa bem acima do galinheiro. Como em um quadro de Chagall.

— Que bela imagem.

— Uma imagem assombrosa. Estou tentando escrever minhas memórias. Quero reuni-las, entrar em contato com tempos mais felizes. Por favor, me diga como está nossa menina.

Descrevo, da melhor maneira possível, as recentes incursões de Sally à sala de recreação.

— Ela está saindo da cama mais do que antes. E a visita de Aaron parece tê-la animado. Até se poderia dizer que são todos sinais positivos. Talvez ela esteja melhor de um jeito que não sou capaz de enxergar.

— Melhor é um termo muito relativo. Ela se virou do avesso, Michael. Soltou todas as amarras.
— Isso ela fez, com certeza.
— Bem, se você vai ser sarcástico... — Robin faz uma pausa. — Olhe, você é que está ao lado dela. Só posso imaginar o que está se passando.
— Não deve ser mais fácil para você.
— Obrigada, Michael. — Ela me deixa ouvindo sua respiração por um momento, enquanto admira, imagino, a lua de Chagall.
— Lembra o ano em que Sally nasceu e alugamos aquela casa maravilhosa no Maine? Sally tinha um mês. Ela quase não dormia, eu já estava fora de mim, nada do que fazia para acalmá-la à noite parecia funcionar. As outras mães que conhecia me diziam que a deixasse chorando, que ela acabaria pegando no sono sozinha. Essa era a atitude padrão. "Você precisa se proteger ou isso não terá mais fim. Não pode deixar que a criança estabeleça a ordem do dia. Você vai perder sua identidade. Vai se ressentir com o bebê. Será um desastre para ambos." Elas foram muito convincentes. Por isso experimentei o método. Depois de meia hora aquele pobre bebê estava tremendo como um cachorrinho... e gritando também, como nunca ouvi ninguém gritar antes ou depois. Aquilo me deixou aterrorizada, Michael. "Não conheço essa menina", pensei. "Nunca a conhecerei." Pode parecer maluco, mas você acha que foi isso que provocou aquilo na Sally? Eu ter deixado que ela ficasse sozinha naquela noite, digo, deixado que chorasse.
— Não. É impossível — digo.
Entretanto eu também tenho dificuldade em compreender o passado, que dirá resgatar dele uma explicação racional

para a loucura de Sally que por si só me convença. Nada parece se conectar diretamente à origem do problema; não existe um fato ou mesmo uma série de acontecimentos que eu possa apontar como um alerta definitivo, nenhuma causa óbvia além da mais evidente: Sally, como Steve, sempre foi o que se tornou, aquilo estava dentro dela desde o princípio, incubado, aguardando amadurecer.

— Mas poderia ser um motivo — diz Robin. — Como você pode ter tanta certeza?

— Só não acho que as coisas aconteçam dessa forma. Milhões de bebês choram e não se tornam psicóticos depois. Veja bem, Rob, como você, também fico tentado a me martirizar com todos os pequenos erros que cometemos. Aaron também. Ele se perguntou se não teria *implicado* com Sally a ponto de levá-la à loucura.

Nossa conversa termina.

Pat ainda está estudando Piranesi, as mãos em volta de uma caneca fumegante de chá. Sua concentração é espantosa: será que ela de fato consegue ficar tão profundamente envolvida em seu trabalho? Ela parecia desconfiar de mim de uma forma quase descarada. Demonstra tantos escrúpulos em esconder suas ideias de mim que desisti de tentar descobrir o que se passa dentro dela.

Na esperança de encontrar algum alívio para o calor, levo um saco de dormir para o telhado e me deito. Ao fechar os olhos, tenho a impressão de que deixei algo fora do lugar, alguma coisa que eu não posso perder, e me sento estupidamente, como se para assegurar a mim mesmo que, fosse o que fosse, ainda estava ali.

Por volta das 2 horas da manhã, desço de volta e ligo a televisão. O avião do voo 800 da TWA com destino a Paris explodiu no ar 12 minutos após a decolagem do aeroporto JFK em Nova York. "Vimos uma enorme bola vermelha surgir de repente", diz um piloto particular que estava em um voo de lazer quando viu a explosão. "O avião caiu como uma pedra." Um avião de transporte C-130 circula sobre os destroços, lançando na água paraquedas com tochas de sinalização para iluminar o cenário do acidente para as unidades de busca da guarda costeira. "Você acha que ao fazer muitas vezes a mesma coisa vai se tornar mais resistente", diz um técnico do Serviço Médico de Emergência, "mas continua do mesmo jeito. Exatamente igual."

Na enfermaria psiquiátrica, sou acalentado pela crença de que esta será a rotina de minha vida indefinidamente: da Bank Street para o hospital, em uma rotina contínua e hipnótica. Meu sorriso tenso de encorajamento é um acessório da sala de recreação.

— Papai, você está mais distante do que ontem — observa Sally.

Por volta das 15 horas, faço um intervalo em minhas obrigações de visita e vou para o Recovery Room, um bar próximo à First Avenue. Era um lugar de encontros das enfermeiras do centro cirúrgico, que vão para lá para ficar bêbadas depois de longas manhãs no serviço, trocando histórias de conflitos e maldizendo a inépcia dos cirurgiões. Elas formam uma turma barulhenta e heterogênea, que luta contra a morte, e eu gosto de ouvi-las do meu banco na outra ponta do bar. Bebo dois copos de uísque e, embora esteja de estômago vazio, o álcool praticamente não faz efeito em mim. Estou em pleno domínio de uma sobriedade inabalável, talvez para compensar a embriaguez psíquica de Sally. É como se seu surto tivesse me tornado mais são do que eu desejaria, e eu estivesse me agarrando ao seu lado lúcido, seu outro eu, o qual ela temporariamente substitui ou deixou para trás. Imagino que quando ela estiver pronta vou devolvê-lo a ela, que sairá do seu esplendor destrutivo e voltará a ser a menina que eu conhecia, e retomaremos nossa conversa pré-mania. Enquanto isso, estou proibido de ceder.

Da televisão acima do bar ouço as notícias sobre os rumos da campanha presidencial, os candidatos Bob Dole e Bill Clinton cruzando o país para aparecer em palanques, o que dá a impressão de ser um gesto agonizante e surreal no caso de Dole. O estranho sorriso natimorto de Dole tem um efeito calmante em mim que eu não compreendo por completo. Em seu terno Brooks Brothers impecável, com o cabelo estilo anos 1940 pintado de preto, ele é um homem de antigamente. Na mão direita, mutilada por um ferimento de guerra, segura uma caneta de plástico para evitar que ela fique visivelmente torta na frente das câmeras e revele ao mundo sua inutilidade. Dole foi atingido por uma metralhadora alemã na Itália, em 1945, três semanas antes da rendição dos nazistas, durante uma batalha que não teria efeito algum, qualquer que fosse o resultado da guerra. A falta de sentido de seu ferimento parece ligada ao fracasso de sua campanha presidencial: todos os dias ele cai mais nas pesquisas. Imagino-o aos 18 anos, retornando da frente de batalha para sua pequena cidade nos campos do Meio-Oeste, como o personagem Krebs no conto "O lar do soldado", de Hemingway. "As pessoas pareciam achar que era ridículo para Krebs ser mandado de volta tão tarde", após o fim da celebração dos heróis, escreveu Hemingway. "Sua cidade ouvira muitas atrocidades para se emocionar com as circunstâncias do presente."

Não gosto da política de Dole; ainda assim, ao vê-lo na televisão do bar, sua figura atrai cada vez mais minha atenção: seu braço aleijado e o nobre esforço em escondê-lo, a expressão atormentada de dor eternamente contida. O braço é como um assistente (o boneco do ventríloquo) roubando o espetáculo, zombando das repetições insuportáveis dos discursos de sua campanha. "Ele conseguirá vender seu peixe ao povo americano?", pergunta um locutor. O outro faz conjecturas sobre sua "fúria interior" e seu "profundo sarcasmo em relação à existência".

Quando Dole divide o palco com Clinton, minha simpatia por ele se acentua. A alegria incessante de Clinton me enche de preocupação. Sua risada radiante, com a cabeça jogada para trás, parece vagamente perigosa. Como Samuel Coastes, o diretor do primeiro manicômio da América, eu aprendi a desconfiar da "incerteza de toda exaltação humana".

As enfermeiras do centro cirúrgico no bar falam alto, recém-saídas de um transplante de rim.

— Quem é o seu dono? — pergunta-me uma delas com um olhar meio malicioso. Ela queria dizer: Quem é o parasita que me controla, a pessoa de quem eu dependo? Quem conhece os meus passos?

Busco em seu rosto sinais de anomalia, o brilho do desvio que cada vez mais me acostumo a ver na enfermaria. Após uma breve conversa, ela me acusa, com um certo desdém, de ser "um civil" e retorna para suas amigas.

Na tela acima do bar, Bob Dole agora está em um comício de campanha, perseguido por agitadores contratados vestidos com enormes fantasias de cigarro feitas de espuma. "O tabaco não é pior para você do que o leite!", recitam eles, repetindo uma das gafes que ajudaram a descarrilar sua campanha. Ele mantém o braço direito colado ao corpo, com o cotovelo dobrado apenas o suficiente para dar a ilusão de que não é aleijado. Para mim, isso representa a soma total de quem ele é, a fonte do que eu interpretei como sendo um controle notável e pesaroso. Ele parece amargamente entretido com o protesto dos cigarros, como se não se importasse mais com as eleições. Sabe que estavam perdidas. "Fiz um voto de silêncio", diz ele. "Meus partidários me amordaçaram. Eles afirmam que toda vez que abro a boca, perco mais votos para o Partido Republicano."

Volto ao hospital para continuar esperando que a monstruosa exaltação de Sally passe.

No dia seguinte, minha mãe está na enfermaria, aguardando no corredor sufocante do lado de fora do quarto de Sally comigo e com Pat.

— Michael, por que você escondeu isso de mim? — pergunta ela, apertando minha mão com uma solidariedade punitiva. — Se Pat não tivesse ligado esta manhã, eu ainda estaria sem saber. Isso só pode ser algum engano. Essa menina maravilhosa. Diga que isso é um engano.

— Achei que Helen deveria saber — explicou Pat. — Já guardamos isso entre nós por tempo demais.

— Com certeza. Michael, nunca vi você assim. Seus olhos estão parecendo os de Peter Lorre naquele filme de Fritz Lang, como se chamava?

— M — digo, agradecido por tê-la conosco, com seu modo preocupado mal disfarçado em humor, em humor negro.
— Sim!
— Steve teve a mesma reação à minha aparência.
— Esse sabe do que está falando.

Ela está caprichosamente arrumada, com um par de sapatos altos em branco e caramelo e um conjunto de linho cor de mel com um pequeno sapo dourado espetado na lapela. Os cabelos louros estão recém-feitos e penteados, o pescoço escondido por um lenço fino, diáfano, com nomes de cidades turísticas da Riviera flutuando nele: uma Catherine Deneuve americana.

Quando entramos no quarto, Sally cumprimenta efusivamente sua "vovó", abrindo os braços para apresentar seu ser glorioso à inspeção, receptiva ao mundo como uma adolescente alegre.

— Eu sei por que você está aqui.
— Claro que sabe. Estou aqui para vê-la, minha querida.

E com um olhar de reprovação para mim, Helen diz:
— Ela parece maravilhosa, Michael.
— Eu *sou* maravilhosa, não sou? Sabia que perceberia, vovó, contava com isso. Você não é como ele. — Sally estreita os olhos em minha direção. — Papai, você é o único que ainda está na escuridão. — E se levantando da cama, ela caminha imperiosamente para o corredor do lado de fora.

Enquanto a seguíamos, passando pelo posto da enfermeira e pela agitada sala dos funcionários com paredes de vidro, Helen agarra meu braço.

— Ela está apenas um pouco esgotada. Deve ser hormonal. Hipertireoidismo, você sabe o que quero dizer. *Hayva buttel*, como sua avó Yetta chamaria em iídiche. Tomando fôlego. — E ela ressuscita o caso de uma vizinha de infância cuja glândula pituitária acelerada fez com que o pai, por um breve momento, a considerasse equivocadamente maluca.

— Quem *não* perde um pouco a cabeça na idade de Sally? Só as meninas mais assustadoramente chatas. Você deveria se ver aos 15 anos, Michael, quase mandou todos nós para o hospício.

— Mas ela está sofrendo — digo, para logo em seguida me questionar se aquilo é verdade ou se é *nosso* empenho sofrer, enquanto Sally corre à frente sem sentimentos, como um trem desgovernado.

Helen vai ao encontro de Sally quando ela entra na sala de recreação.

— Diga ao seu pai que você não está sofrendo.

— A verdade se disfarça no sofrimento. Meu pai está sendo consumido pelo medo.

— Seu pai está preocupado com você, minha querida. É natural.

— Hummm. Você está tentando protegê-lo. Isso já era de esperar. Ele é o seu filho querido, não é, vovó? Ou você está querendo me enganar e também está com medo?

Helen parece ter levado um tapa na cara. Ela pega minha mão, enterrando as unhas em minha carne.

— Ela vai superar isso, Michael. Juro por Deus, isso vai passar. Daqui a dez, quinze anos, quando ela estiver casada e trabalhando no que gosta, você olhará para trás e verá isso como algo irrelevante.

Um senhor vistoso de uns 60 anos em um terno amarrotado se aproxima de nós; um homem culto, ao que tudo indica, com uma testa de Beethoven elevada e cabelos cinza-azulados grossos e esvoaçantes.

— Está visitando alguém? — pergunta Helen educadamente.

— Você quer dizer: "Você vive aqui?" Não é isso o que está perguntando? "Você pertence a este lugar?"

— Oh! — E com uma risadinha de lado, brincando com seu lenço, ela comenta comigo e com Pat: — Não percebi que ele era um dos *meschugge*. Parece tão... *inteligente*. Acho que nunca podemos dizer ao certo.

Helen aparece no quarto de Sally todos os dias à tarde, apesar de nossos protestos — de que não é necessário ela atrapalhar tão completamente seu ritmo de vida, muito menos se sujeitar aos desconfortos da enfermaria. Ela fica, no mínimo, umas quatro horas e me expulsa quando sugiro que pelo menos faça uma visita mais breve, pois sei que sua agenda de viúva está recheada de compromissos, como almoços e jogos de bridge. Sua figura atenciosa e alegre nos acalma. Todos os dias ela chega com uma roupa nova, explorando ao limite seu guarda-roupa, sem um fio de cabelo fora do lugar ou sinal de indisposição por causa do verão. Ela entra na enfermaria como se estivesse pisando em um palco, mas menos por exibição de vaidade do que como um tributo à ordem, ao empenho, à maneira como devemos desejar que as coisas sejam em tempos de infortúnios. Quanto maior o golpe, maior a necessidade de refinamento, ela parece dizer. Como se seus conjuntos e saias plissadas fossem uma rejeição ética do caos. Algumas funcionárias se sentem lisonjeadas pelo cuidado que toma com sua aparência, como se aquilo também fosse para elas.

— A senhora é realmente uma dama — diz Cynthia Phillips a ela.

E até mesmo Rufus a cumprimenta com um respeitoso movimento de cabeça quando destranca a porta.

Às vezes, tenho dúvida se Sally chega a perceber nossa presença; em outros momentos, ela nos atormenta com instantes de coerência que se desvanecem com a mesma rapidez com que surgem. Alarmes falsos. Em determinadas tardes, ela não fica acordada mais do que uma hora, e nós três (Pat, Helen e eu) entramos no ritmo quase aprazível da enfermaria, com seu rastejar invariável de detentos. Quando me questiono por que ficamos sentados ali sem ela, digo a mim mesmo: se não esperássemos que voltasse para nós, ela perderia a noção de que existia um ponto de retorno.

Helen, por sua vez, parece determinada a assumir nosso sofrimento como seu. Ocorreu-me que é exatamente por isso que ela está aqui, que se voltou integralmente para aquele lugar, para nós, como uma forma de reviver o que passou com Steve. Ela está aqui como a avó de Sally, claro, como uma presença de apoio em tempos de crise familiar, mas acredito que também deseje corrigir os próprios erros, como se, ao passar todas essas horas conosco, um fato sombrio e duro de seu passado possa ser esclarecido e suavizado.

— Qual é a palavra de cinco letras para um texto budista sagrado que começa com "s"? — pergunta Helen, dobrando o jogo de palavras cruzadas do dia no colo como se fosse um guardanapo recém-passado a ferro.

— Sutra — responde Pat, ganhando um olhar de satisfação de Helen.

Desde que eu era pequeno não passávamos tanto tempo na companhia um do outro. Enquanto adultos, nosso relacionamento não era fácil: o resultado duradouro de uma ruptura que ocorreu entre nós quando eu tinha 11 ou 12 anos e que nunca conseguimos reparar por completo. E, ainda assim, amparados pela presença de Pat e insuflados pelo sentimento de solidariedade que o surto de Sally inspirava, fomos capazes de superar, ao menos provisoriamente, nosso estranhamento um com o outro. Nós três jogamos conversa fora interminavelmente e caminhamos de braços dados, sem rumo, pelos corredores. Helen conta os enredos dos últimos filmes que viu, Pat lembra as histórias de sua avó irlandesa que tem uma loteria clandestina e raramente larga seu rosário, e as duas discutem de forma amigável sobre os respectivos méritos dos principais bailarinos do Balé da Cidade de Nova York. Vagarosamente, nossas tardes perdem o ar cerimonioso. A enfermaria começa a parecer mais como um abrigo do que uma prisão, um refúgio onde as pessoas são afastadas de pressões e expectativas — e com a ajuda de medicamentos e eletrochoques, também das lembranças. Planejamos piqueniques na hora do almoço na sala de recreação, onde ficamos entre o tumulto dos pacientes e suas famílias. "A *piazza*", como Helen a chama.

Quando está se sentindo bem para isso, Sally se junta a nós.

— Tentei ligar para mamãe — diz Sally. — Disquei 1-802. *Um oito zero dois* — repete ela, articulando as palavras. — Você sabe por que não consegui?

Certa tarde, Pat sai mais cedo da enfermaria para ir a um ensaio de sua companhia de dança, e eu e Helen ficamos sozinhos. Imediatamente, nosso estranhamento costumeiro volta. Com Sally apagada e nada para nos distrair, nossa conversa acaba se transformando em uma série exasperante de falsos começos. Essa timidez tensa e desconcertante remonta ao outono de 1964, quando destruí o forte elo entre mim e Helen. Nossa relação era motivo de inveja dos meus irmãos mais velhos, que revidavam com atos dissimulados de vingança, os quais me deixavam aterrorizado e com a expectativa constante e infeliz de um novo ataque. Meu status como o favorito de Helen incitava até mesmo uma certa irritação em meu pai. Eu me tornara um pária, o filhinho da mamãe. Apenas Steve me deixava em paz, como deixava a todos; ainda assim, sem dizer uma palavra, ele parecia me reprovar mais severamente do que os outros pelas atenções especiais que eu desfrutava. Ele precisava mais delas. Eu a tinha toda para mim quando "ficava em casa" sob o pretexto de alguma "gripe" ou febre inventada (enquanto Bernie estava em seu depósito de ferro-velho e meus irmãos, nos bancos escolares) para que Helen me levasse aos filmes das matinês e depois a uma lanchonete da Flatbush Avenue para comer queijo quente e fatias de melão. Não me lembro dos detalhes de minha rejeição a ela, apenas do sentimento violento e da crueldade verbal que despejei contra ela sem aviso ou o menor cuidado com o golpe que lhe estava infligindo. Ordenei que ficasse longe de mim. Eu a afastei com uma barreira de furiosas frases repetidas que jorravam de minha boca de 11 anos em uma eloquência maldosa, chocante e repentina. Uma eloquência que eu acabara de descobrir em mim mesmo e para a qual Helen não estava preparada. Disse coisas impiedosas e decisivas. O que mais lembro é um sentimento demoníaco de compulsão e, em seguida, nosso afastamento definitivo. Por muito tempo quis pedir desculpas por meu comportamento naquele ano, mas não tinha certeza de como fazê-lo ou mesmo se seria sincero. Como o homem pede desculpas pelo menino?

Quando acaba o horário de visitação, Helen sugere que jantemos fora. Entramos no primeiro restaurante pelo qual passamos, um bar com uma pequena sala nos fundos, onde algumas poucas mesas vagas estão dispostas sob uma sombria claraboia pintada de verde, o que nos dá a sensação de estarmos sentados debaixo d'água. Peço um uísque, e Helen, que normalmente não bebe, pede um gim-tônica. Em volta do pescoço, ela traz um pequeno medalhão de ouro com os nomes dos cinco filhos gravados — um presente de nosso pai —, no qual remexe nervosamente, levantando os olhos para mim como se fosse falar e em seguida desistindo, sem balbuciar mais do que algumas palavras engasgadas.

Nossas bebidas chegam, dois copos de coquetel cheios até a borda, ainda quentes do enxague na pia do bar, os cubos de gelo diminuindo com rapidez.

— Como está Steve? — pergunta ela.

Eu a informei sobre os últimos acontecimentos.

— Não sei o que fazer com ele neste momento.

— O que *pode* ser feito a esta altura? Ele é um homem adulto. Seu pai e eu nos consumimos tentando. Você tem sido maravilhoso com ele, Michael. Se ainda não lhe agradeci devidamente, não é por falta de gratidão.

— Eu sei.

Tenho a forte impressão de que ela pensou no que desejava me dizer e busco, ansiosamente, uma forma de ajudá-la quando suas mãos se retesam em volta do copo e, elevando a voz, ela diz:

— Sally não é como Steve. Tenho Deus por testemunha. Vi aquele menino crescer. Presenciei tudo. E juro a você, Sally não se parece em nada com ele.

Ela passa a mão nos cabelos elegantemente ondulados, como se dissesse: *Não é preciso dizer nem mais uma palavra sobre isso*. Mas em seguida, depois de provar seu drinque com um canudo vermelho, remover o canudo e enrolá-lo em volta dos dedos, ela prossegue.

— Se o que eu disser acabar soando como uma reclamação, é porque não estou me expressando direito. — E inicia o relato de uma intrincada história familiar, que parece sem sentido a princípio, mas que logo percebo estar inextricavelmente ligada a Steve, a Sally e a mim. É óbvio que eu já tinha ouvido algumas daquelas histórias, pois faziam parte do folclore familiar, mas nunca contadas daquela forma por Helen, voltadas única e assustadoramente para os meus ouvidos.

Ela começa com o golpe repentino e devastador da morte de seu pai quando ela tinha 13 anos ("Como eu gostaria que você o tivesse conhecido, Michael. Ele teria mudado sua vida, tenho certeza") e seu casamento nove anos mais tarde com Bernie, que entrara em cena e em seu coração com uma força irresistível.

— Meu pai era médico, um homem letrado, das ciências. Você me entenderá quando disser que, se ele não tivesse morrido, provavelmente eu nunca teria conhecido Bernie.

Nós andávamos em círculos diferentes. Bernie era, como eu poderia dizer...

— Primitivo — sugiro.

— Esse é o seu conceito, Michael. Você achava que todos éramos vulgares. Tinha uma falsa noção de sofisticação. Seu pai não era primitivo, era inconstante, impaciente; você, dentre todas as pessoas, deveria saber a diferença.

E renovando o fôlego, ela prossegue nostálgica, falando sobre o cosmopolitismo e o estímulo intelectual que lhe foram tomados subitamente com a morte de seu pai.

— Não sinto orgulho algum em admitir que durante os primeiros anos com Bernie achei que tivesse cometido um erro grave. Não fomos felizes.

Seus sogros, Yetta e Louie, eram analfabetos, imigrantes dos bairros judaicos no Leste Europeu. Louie era um soldador e negociante de ferragens que se sustentava desde que chegara sozinho a Nova York aos 15 anos.

— A idade de Sally, imagine só.

Recém-casados durante o período de escassez de moradia em meados dos anos 1940, quando os soldados voltavam em massa da Segunda Guerra Mundial, Helen e Bernie não tiveram outra opção senão morar com eles.

— Não éramos milionários. Não havia nenhum outro lugar para morar.

Mas a infelicidade de Helen não era decorrente de nenhum resquício de esnobismo que pudesse ter sentido ou do fato de Yetta ser uma *balabusta*, uma dona de casa feroz, que não fazia outra coisa a não ser picar, ferver, assar, polir, esfregar e lavar com a ajuda perturbada de Helen. Não, o que tornou sua vida insuportável no apartamento de seus sogros em Brighton Beach, no Brooklyn, foi a guerra ininterrupta entre Bernie e o pai.

A guerra era pelo comércio de ferro-velho no qual Louie havia consumido sua saúde construindo do zero.

— Não era a maior empresa de aço dos Estados Unidos, como a US Steel — diz Helen —, mas era dele, era um templo para Louie, e estava começando a prosperar quando Bernie passou a fazer parte dos negócios.

Ao fazer 50 anos, Louie não conseguia andar até o corredor sem parar para tomar fôlego com as mãos nos joelhos. Ele havia destruído os pulmões quando jovem, soldando latas velhas em um porão sem janelas na Grand Street. E via que tudo aquilo seria de Bernie... o dinheiro fácil, o *boom* americano... seu filho não precisaria abrir mão de porcaria nenhuma por aquilo, e Louie o faria pagar, não permitiria que ele tomasse tudo de graça.

— Ele não perdoaria seu pai por tomar o que estava simplesmente *lá para ser tomado*. Assim, veja bem, Michael, quando me refiro a uma guerra, quero dizer no sentido mais literal. Ele amava Bernie como filho e o odiava como um rival. Eu às vezes achava que ele o odiava como um imigrante odeia um nativo privilegiado.

Eles se destruíam mutuamente naquele depósito de ferro-velho e, ao chegarem em casa, retomavam de onde haviam terminado.

— Bernie ficava simplesmente fervilhando de emoção, esgotado e empolgado, mas também deprimido, se você conseguir imaginar essa combinação...

Uma vez, chegou em casa com sangue pingando do canto da boca onde Louie o havia socado.

— Era um pesadelo para os dois, e era um pesadelo para Yetta e para mim também. Eu queria consolar Bernie, tornar as coisas mais fáceis para ele, mais tranquilas, desejava que ele estivesse mais próximo de mim, mas era impossível, nos perdemos um do outro, seu pai e eu. Na verdade, nos perdemos de nós mesmos.

Ela ficou em silêncio por um momento.

— Estou falando demais? Só queria lhe dar uma ideia de como era a atmosfera daqueles anos, Michael, da infelicidade. Eu tinha 22 anos.

Foi nessa atmosfera que Jay, meu irmão mais velho, nasceu, dando a Helen uma razão para se sentir viva novamente.

— Você não sabe quanto eu adorava aquele bebê. Ele salvou minha vida, não há outra maneira de colocar a coisa. Ele *era* minha vida.

E após descrever seus gloriosos dias com Jay naquele lar conturbado, ela diz sem rodeios:

— E então fiquei grávida do Steve.

Ela percebeu que algo estava errado no minuto em que o concebeu.

— Era como se houvesse um peso em mim, Michael. Isso parece maluquice? Estava mortificada com a ideia de ter outro filho naquelas circunstâncias, queria aproveitar o que eu já tinha. Obviamente, havia alguma coisa errada comigo, não com Steve. Isto é, o que poderia estar no centro de tal aversão a uma criança que ainda não nascera além de um descaso comigo mesma?

Seus olhos estão vivos e determinados, com a intensidade lacrimejante da qual eu me lembrava da época em que era menino.

— Se quiser outra bebida, talvez eu o acompanhe — diz ela.

Peço outra rodada. Nossa intenção de jantar foi esquecida. Eu estou mudo, agradecido e estranhamente envergonhado.

— Eu simplesmente não tinha amor algum por ele — continua ela. — Não é extraordinário? Tudo o que eu sentia era ressentimento, mágoa por aquela *coisa* minúscula que estava prestes a invadir meu paraíso.

Ela rezava para que seus sentimentos mudassem quando ele nascesse, que com a realidade de carne e osso de seu bebê algo se transformasse dentro dela e a natureza fosse em seu auxílio. Mas a realidade de Steve apenas piorou a situação.

— A verdade é que ele era uma criança excepcionalmente bonita. Olhos grandes, lindo, que Deus nos ajude, ninguém diria isso ao olhar para ele agora. Estranhos nos paravam na rua, outras mães, Michael, empurrando seus próprios bebês, me paravam e diziam como Steve era lindo: "Como uma pintura", elogiavam, "um anjo de perfeição." E como eram juízas severas aquelas mães, cada uma delas uma especialista. Acredite, criar um filho no Brooklyn era um negócio altamente competitivo.

O que elas não sabiam era o grau de indiferença de Steve.

— Às vezes, ele permanecia inerte. Juro a você, parecia que estava morto, exceto pelos olhos que me observavam, atentos e arregalados. Ele simplesmente ficava lá, nem triste, nem deprimido, nem infeliz, nem mesmo chorando por mim; apenas me assistindo brincando com seu irmão mais velho, sem qualquer expressão.

E eu penso: para Steve, observá-los devia ser como olhar um jardim paradisíaco por uma rachadura na parede.

— Já pensei nisso mil vezes... e acredito que Steve permanecia inerte daquela forma porque achava que isso me agradaria. Não tenho ilusões, também era uma tática de sobrevivência, sem dúvida. Ele sabia o que seu rebuliço provocava em mim: irritação por me distrair de seu irmão mais velho. E *ele sabia disso*. Sua invisibilidade era uma maneira de me cativar. Ele tinha consciência. Sabia como eu me sentia. Embora na época eu não percebesse isso.

E ela me conta que o deixou exposto ao frio do lado de fora, no carrinho.

— Duas, três horas. Esqueci completamente dele. Então, me lembrei! Meu Deus! E ele estava lá, bem na frente do nosso prédio, os lábios azuis, os dedos congelados dentro da luva. Ainda assim, ele não deu um pio.

Quando Steve enfim chorou, foi como um cacarejo assustado e doentio, quase como se arranhasse seus ouvidos.

— Isso deveria ter partido meu coração. Mas o que senti foi a mais pura raiva dele por fazer isso comigo, por me transformar nesse monstro sem amor. A coisa chegou ao ponto de sua simples existência ser uma acusação contra mim.

Ela bebeu o gelo derretido do que sobrara de seu segundo gim-tônica e dispôs o copo cuidadosamente, como se para garantir que não romperia com alguma arrumação imaginária.

— Você não podia evitar — falei. — Não era intencional. Era uma situação muito difícil. Para os dois. O que você teve pode muito bem ter sido um caso clássico de depressão pós-parto.

— Você está sendo gentil em dizer isso, Michael. Mas não estou tentando me safar.

As coisas não permaneceram ruins para sempre. O feitiço se quebrou quando Helen e Bernie se mudaram para sua própria casa em Rockaway, uma faixa estreita de terra no litoral do outro lado da ponte levadiça do Brooklyn. Era um bairro de classe média, com outras famílias jovens.

— Fizemos novos amigos, amigos para toda a vida.

Louie ficou muito doente para trabalhar, e o comércio de ferro-velho passou para Bernie.

— Aquele sentimento de estar encurralada, cercada, graças a Deus se dispersou. Larry nasceu, e depois você e Danny. Eu amava meus filhos. E amava seu pai. Mesmo nos piores dias, nunca pensei em deixá-lo.

Ela repousa a mão no meu braço.

— Você compreende, Michael, Sally não se parece em nada com Steve. Seja lá o que for que esteja acontecendo com ela, não foi herdado de seu irmão. Então, por favor, por favor, tire isso da sua lista de preocupações. Steve é do jeito que é por minha causa.

No dia seguinte, Helen não fez sua visita a Sally, e um dia depois, ficou só durante uma hora.

— Meu cachorro está sentindo minha falta — explica. Sua confissão nos deixou incertos quanto a de onde recomeçar, apesar de uma nova descontração ter nascido entre nós — um presente inesperado da doença de Sally, penso.

Tento trazer à tona a ruptura que se estabeleceu entre nós quando eu era criança, uma tentativa de lhe dar alguma satisfação. Helen finge não saber sobre o que eu estou falando. Em seguida, mudando de rumo, ela diz:

— Você acha que eu não compreendia seu comportamento, Michael? "Não adianta", dizia a mim mesma. "Isso é o que ele precisa fazer para acreditar que pode ser um homem." A verdade é que eu fazia as suas vontades e agia da mesma forma com seu irmão Jay. É uma fraqueza minha. Mas, sabe, você não precisava acabar com tudo por completo.

Seu tom de voz sugere que ela preferia não relembrar aquilo; era coisa do passado.

Percebendo que ela está pronta para retornar à sua vida como era antes, prometo ligar regularmente dando notícias do progresso de Sally.

— Se algo importante acontecer, posso estar lá em vinte minutos — diz Helen.

Embora eu tenha percebido uma mudança pequena em Sally, fui informado pela dra. Mason de que "a fase mais grave" de sua mania passou. As enfermeiras a vigiam menos e em geral parecem menos preocupadas com a possibilidade de ela ter uma piora; o equivalente psiquiátrico de ser removido do CTI. Eu me pergunto se ela está tendo melhoras pequenas demais para serem medidas, como uma lagarta que sobe um poste gigantesco. Suspeito que a essência do distúrbio de Sally é tão desconhecida para a dra. Mason quanto para mim. A "essência" de Sally, no entanto, não é a preocupação da dra. Mason; já as medidas práticas de sua recuperação, sim, e eu faço o possível para acompanhá-las conforme prosseguimos.

Sally dorme menos e passa mais tempo na sala de recreação, convencida de que faz um grande sucesso social lá.

— Já percebeu como as pessoas querem ficar perto de mim? — pergunta ela. — Sinto que as estou ajudando. É por isso que a dra. Mason não me manda para casa. Eu lhes dou esperança, especialmente aos depressivos. Sou sua estrela guia.

Ela com certeza age como tal, entretendo sua corte em um fulgurante pijama. Sua plateia inclui Mitchell, que parecia estar ligeiramente apaixonado por ela, e Fabulosa, que está coberta de migalhas depois de rasgar com os dentes os pacotes de biscoito servidos com a sopa. O homem com a testa de Beethoven, que Helen confundiu com um visitante, olha entretidamente para Sally. Ele obviamente está em sua própria órbita maníaca, uma figura assustadora, agitada e entediada, calçando mocassins L. L. Bean e vestindo um paletó de pijama azul-escuro com detalhes em branco que parece ter pertencido a Cary Grant.

— Sua filha foi tocada pelos deuses — diz ele para mim. — Os gregos chamavam a loucura de "a doença sagrada", por isso você pode ficar descansado, pois ela está em boa companhia.

Ele transpira uma vivacidade fanática e conturbada que faz meu coração disparar. Aquilo me lembra as exaltações de Sally, só que mais maduras e consolidadas. De fato, as semelhanças entre eles me surpreendem: os sorrisos esgarçados de dentes cerrados, os olhares fixos e apertados de vilões do cinema. Ele parece um urso, imponente, e é pelo menos quarenta anos mais velho que Sally.

Vendo que ele despertou minha curiosidade, Sally me incentiva a prestar ainda mais atenção.

— Ele nunca perdeu o contato com sua genialidade. Você também poderia ser assim.

Ele e Sally, porém, evitam o contato real um com o outro, como se fossem repelidos por suas intensidades concorrentes.

Um jovem entra na sala e se apresenta a mim como Dexter.

— Vi que estava conversando com meu pai. Espero que ele não o tenha constrangido. Está acostumado a falar para uma plateia cativa. É professor de estudos clássicos, se é que já não lhe contou isso tudo. — Ele diz o nome da universidade onde seu pai trabalha. — Ele só vai ficar aqui por alguns dias.

Ao perceber que o pai está tremendo um pouco, Dexter o leva para um canto mais calmo da sala de recreação. O professor, em impaciente agonia, contrai e relaxa os punhos, passando ambas as mãos pelos cabelos. Parece estar no auge de suas energias. Dexter fala com ele em voz baixa, creio que o acalmando, sussurrando o que imagina ser uma série de frases tranquilizadoras e pessoais.

Mais tarde, encontro com Dexter no corredor. Percebo que procuro nele respostas sobre o meu próprio futuro. Acho que ele é um conhecedor da loucura, pois cresceu com ela. Talvez para ele a loucura seja um elemento natural da existência. Quando lhe conto a história do surto de Sally, ele acena com a cabeça em reconhecimento. Viveu aquilo dezenas de vezes. Seu pai e Sally foram atingidos pelo mesmo relâmpago.

— Vi sua filha a todo vapor outro dia. Os dois sabem como ofender. Mas quando ele está em si — comenta sobre seu pai —, não há pessoa mais gentil e atenciosa no mundo.

Sinto um ímpeto de esperança. O professor está em um ciclo, ao girar da roda, ele volta para onde começou. Se eles realmente são parecidos, então Sally também vai retornar, pelo menos por um tempo.

No fim da tarde, vejo o professor em seu quarto com uma aparência mais afável e envelhecida. Dexter está lendo para ele com a mesma voz serena que usou na sala de recreação. Os olhos do professor estão fechados, e tenho a impressão de que ele escuta o som das palavras, não seu significado.

Alguns dias depois, o professor está em frente ao posto das enfermeiras, trajando um terno cinza-prata passado e engomado. Seus sapatos foram lustrados. A camisa está abotoada até o pescoço. Ele está recebendo alta.

— Eu precisava apenas voltar aos trilhos — diz em uma voz suave, como se pudesse ser repreendido caso alguém o escutasse. — Um ajuste periódico. É por isso que estou aqui: para essa paulada na cabeça.

Dexter, por sua vez, é severo com o pai. Veja no que nos meteu de novo, parece dizer. Tinha a impressão de que presencio um ritual repetido por eles centenas de vezes.

O professor se senta em um banco na entrada da enfermaria, como um menino de escola esperando o início das aulas, enquanto Dexter pega suas receitas médicas com a enfermeira Phillips. Ele pede para que eu me sente ao seu lado.

— Dexter quer meu dinheiro. Não ficará satisfeito até que me declarem permanentemente *fora de mim*. O dinheiro de minha aposentadoria, o apartamento. Não se engane. Ele já calculou centavo por centavo quanto ganhará.

Sally sai de seu quarto.

— Está indo para casa! Que bom!

Eu e Dexter apertamos as mãos. Ele se prepara para o longo retorno à recuperação. Conhece os procedimentos: seu pai aos pedaços após a centelha de sua mania ter se apagado.

— Ele odeia a estupidez paralisante que o toma depois de uma crise. Sente-se envergonhado.

Dexter o lembrará dos feitos de sua vida: os alunos que inspirou, os livros que escreveu, sua inteligência original e fantástica, a qual podia invocar sempre que quisesse.

— A verdadeira alegria que ele tem proporcionado às pessoas. Inclusive a mim. *Especialmente* a mim.

Nenhum dos dois sugere que continuemos em contato. Uma relação iniciada na enfermaria psiquiátrica não perdura.

— Boa sorte, Sally — diz ele.

Com uma das mãos, Dexter segura a maleta do pai; com a outra pousada sobre seu ombro, ele o guia pela porta que Rufus destrancou.

Sally foi transferida para um quarto que vai dividir com outras duas pacientes, no final de um longo corredor, distante do posto de comando da sala dos funcionários e do posto das enfermeiras.

— Uma promoção — diz a dra. Mason, com um sorriso forçado. — Sinal de que seu estado mental está progredindo.

O novo quarto é amplo e agradável, tendo sido reformado ao estilo de um dormitório de estudantes. Sally o ocupa como uma estrela iniciante na suíte de seu hotel. Sua voz é potente e distinta, mas estranhamente irreal, como uma gravação de si mesma que estivesse me fazendo escutar. Uma de suas colegas de quarto é uma adolescente do Harlem que está deitada inerte em sua cama com as cobertas sobre ela em um amontoado caótico. Sua mãe decorou a parede acima de sua cama com carinhas sorridentes amarelas, cartões com desejos de melhoras e desenhos alegres de lápis de cor que, a mãe me disse, a menina havia feito quando criança.

Sua inércia me atrai como um ímã. Uma melancolia como aquela existe sem o conhecimento do mundo, penso. Parece mais uma massa orgânica sólida do que um estado de espírito que possa ser afastado ou animado. Fica lá prostrada, como se dissesse: *Vamos lá, tente me tirar do caminho.*

Abaixo a voz de modo a não perturbá-la, mas depois percebo que sou o único preocupado com isso. Ninguém mais no quarto demonstra qualquer consideração. Uma melancolia como aquela não tem ouvidos. Não pode ser incomodada. Não tem nada a ver com tristeza ou mesmo pesar, que ao menos são emoções concebíveis.

Sally estabeleceu-se alegremente em seu novo aposento. Dá a impressão de ver a mudança como uma coroação.

— Sou um exemplo positivo — diz, repetindo palavras que assimilou durante as sessões de terapia de grupo na enfermaria. — Sou o tipo de pessoa que eles querem perto de seus clientes.

Ela assevera sua saúde, enfatizando planos de se juntar à equipe do hospital como terapeuta e também de se tornar professora primária: um trabalho para ajudar os adultos a se reencontrarem; o outro, para ensinar as crianças a manterem suas almas perfeitas.

— Vou participar de um concurso de beleza — diz. — Vou ser bailarina como você, Pat.

Meu coração se enche de alegria quando ela, por alguns segundos, aceita o apoio de Pat, que a tranquilizava como Dexter fazia com o pai.

Sally estabeleceu uma animada amizade com sua segunda colega de quarto, uma mulher tagarela dos subúrbios de Long Island com dois filhos pequenos em casa. É difícil acreditar que aquela mulher, há apenas três meses, esteve tão perto da morte por anorexia que precisou ser alimentada por um tubo. Ela faz sua cama sem deixar uma dobra, como o beliche de um fuzileiro naval, cercada pelas fotografias dos membros rechonchudos de seu clã ítalo-americano. Oferece-nos *tiramisu* em colheres minúsculas de plástico, como alguém que distribui amostras em uma loja.

— Um presente de minha irmã — diz. — Não é delicioso?

No dia em que recebe alta, seu marido aparece para levá-la para casa. Sua animação parece preocupá-lo, as declarações repetidas de que sua vida se endireitou, que enfim o que a afligia havia terminado; que era apenas "uma página do passado". Eu e seu marido trocamos breves sorrisos apreensivos, enquanto Sally a ajuda a fazer as malas, as duas falando compulsivamente como se conspirassem. Ele é técnico da Long Island Lighting Company e está exausto pelas longas horas de trabalho sob a onda de calor do verão.

— Você vai rever sua família! — diz Sally.

A menina deprimida continua inerte na cama, em um silêncio sepulcral, impossível de se ignorar, mas, ainda assim, ignorada.

Na tarde seguinte, somos informados de que Sally também vai receber alta dentro de poucos dias. Um assistente social, Julian, é encarregado de auxiliar "numa transição tranquila" da enfermaria psiquiátrica para o "ambiente menos supervisionado" da Bank Street. Ele me informou que antes de Sally ser liberada haverá uma reunião com ele e a dra. Mason.

— Seria melhor que a mãe de Sally pudesse estar presente. Bem como o irmão.

O propósito da reunião, explica, é criar uma atmosfera para o entendimento da "nova condição" de Sally, de suas "necessidades especiais".

— Encontrei um programa de assistência ambulatorial que talvez seja exatamente do que Sally precisará depois de receber alta — comenta ele. — Terei mais informações em nossa reunião.

Ele fala com a hesitação de alguém que superou uma gagueira de infância. Sabendo que sou escritor, ele me conta timidamente que também é um artista, um violoncelista. A assistência social é apenas um segundo trabalho, por precaução, pois a vida de autônomo é muito estressante, a autoabnegação exigida, os duros testes de paciência e nervos.

— Acho que já me resignei — diz ele.

Tomo a afinidade estabelecida entre nós como um bom presságio e me permito pensar alto sobre o que esperar de Sally no futuro, buscando fragmentos de informações que Julian possa ter ouvido da equipe.

— O que você deseja para ela? — pergunta ele.

A franqueza da pergunta me faz estremecer, e ouço a mim mesmo torcendo pelo retorno daquilo que foi destruído nela, se é que algum dia realmente existiu.

— Um centro de equilíbrio, acho que é como as pessoas chamariam; que ela possa usar para se analisar, mesmo um centro de equilíbrio que não dê a menor atenção a isso.

Pergunto a mim mesmo se tal coisa básica e inefável poderia ser construída, como uma prótese, ou aprendida em uma série de exercícios, da mesma forma que se aprende álgebra ou uma segunda língua.

— Se ao menos eu pudesse dar isso a ela — digo.

Ligo para Robin em sua padaria em Vermont.

— Estou no meio do preparo de um bolo de casamento. É como construir a casa dos sonhos de alguém. Não consigo acertar o glacê. Estou na quarta fornada, não me aguento em pé.

Ela parece entusiasmada. Seus bolos de casamento são famosos em Vermont. Robin é uma ótima doceira, assim como é talentosa em quase tudo que se mete a fazer.

— Como ela está, Michael? Não consigo saber dela. Ligo para o número que a enfermeira Phillips me deu, mas ninguém atende.

— Ela vai receber alta depois de amanhã — digo. Percebo o quanto tenho temido isto: Sally unicamente sob os nossos cuidados. Aviso a Robin sobre a reunião familiar que vai haver antes da liberação de Sally. — Eles gostariam que todos nós estivéssemos lá.

— Vou terminar o bolo esta noite e pegar a estrada. George irá comigo. Quero que ele faça parte disso. Para mostrar nossa união, Michael, para Sally, mas também um para o outro.

— Claro.

Ouço o zumbido de sua batedeira elétrica. Seria bom saber cozinhar, penso, "construir" um bolo, como diz Robin, erigir aquela gigantesca sobremesa simbólica que será fotografada e mantida em um álbum com capa de couro, que será degustada com música, champanhe e aplausos.

— Não tivemos um bolo no nosso casamento — observo.
— Não estávamos pensando em bolos.

Era a mais pura verdade. Estávamos nos preparando para Aaron, que nasceria em menos de um mês. O vestido de noiva de Robin foi uma roupa de grávida. Nosso casamento foi por ele, por Aaron. Nosso papel ali ficou em segundo plano. *Nós* ficamos em segundo plano, mesmo para nós mesmos.

De manhã, acordo Aaron em sua república, em Schenectady.

— Estarei lá, pai. Fico feliz que Sally esteja saindo daquele lugar. Ela não faz parte daquele grupo. Quanto antes ela for para casa, melhor.

Encontramos Robin e George em um café perto do hospital, ele de short, sandálias, uma camisa de camurça verde, os dois juntos na vitrine, uma exposição de harmonia marital.

— Esse foi o caminho que Sally trilhou — diz George. — Mas e daí? O mesmo acontece com muita gente boa.

Ele é filho de um pastor e tem grande interesse em misticismo, futebol e maconha. O adesivo na tampa traseira de sua caminhonete Ford diz: Um Bom Patriota Deve Defender o País Contra Seu Próprio Governo. Foi surpreendente observar, na primeira vez em que os vi juntos, como George era muito mais apropriado do que eu para ser marido de Robin. Ela parecia mais segura de si com ele, menos dependente e sonhadora. Ficou mais claro que nunca para mim, de alguma forma eu havia atrapalhado seu caminho, incentivando-a a continuar pintando, embora a pressão para ser uma artista fosse algo obviamente perturbador para ela. Eu não podia aceitar o fato de que Robin fosse tão desapegada de seus talentos naturais, enquanto eu lutava para descobrir se possuía algum.

Do lado de fora, na rua, vários homens com britadeiras estão quebrando a calçada; um barulho penoso que teria feito Robin se esconder durante sua visita anterior. Na companhia de George, no entanto, ela parece ter abstraído o barulho e estar imune à poeira de cimento que nos atinge em um redemoinho ao sairmos do café em direção à enfermaria. George claramente a adora, andando de mãos dadas com ela, rendendo-se à sua inteligência, admirando-a de um jeito que eu, com todo o meu zelo por Robin, nunca pude.

Pat, como sempre age com pessoas com quem se sente instintivamente em desarmonia, mostra-se amigável, mas de modo reservado.

— Vocês devem estar cansados da viagem — diz. — Imagino como foi difícil vir para cá. — Suas gentilezas não necessitam de resposta. É como se ela nos observasse por uma máscara de esgrima.

Subimos para a enfermaria, onde Aaron já está sentado na beirada da cama de Sally, as mãos segurando com firmeza os ombros dela, no que parece um estimulante discurso de treinador.

— Você vai superar isso. É uma menina forte. A mais forte. A melhor — diz ele, seus olhos perscrutando-a com uma gravidade que parte meu coração. Se ao menos tais exortações pudessem influenciá-la. Voltando-se para nós, ele comenta: — Estava dizendo a Sally que ao chegar em casa, tudo vai voltar ao seu lugar. Ela vai ter sua independência de novo. Nós vamos preparar seu quarto, Sally. Torná-lo especial. Você vai esquecer que algum dia esteve neste lugar.

— Um novo dia — diz George.
— Amém — diz Robin.
Todos se abraçam, enquanto Sally observa, agitada e vidrada.

Sua colega de quarto, enrolada em seus lençóis de múmia exatamente como da última vez em que eu estive lá, vira alvo da curiosidade de todos. Noto que os outros voltam os olhos para ela, percebendo o peso de sua presença.

Julian enfia a cabeça pela porta. É hora da reunião. Ele nos conduz pelo corredor até uma pequena sala de conferências fechada.

Sobre a mesa há um exemplar do *New York Times*.

Uma bomba feita de cano cravejada de pregos e parafusos abalou os Jogos Olímpicos hoje em Atlanta, transformando o evento esportivo de confraternização internacional em um símbolo do lado sombrio da vida moderna.

Nós seis nos sentamos como pessoas reunidas em um tribunal esperando a juíza aparecer de seu gabinete e tomar seu lugar.

Sally fornece a trilha sonora, a perna esquerda com um tremor constante, o pé batendo no chão em um ritmo suave.

— Você tem filhos? — pergunta ela a Julian.

— Na verdade, tenho, Sally. Uma filha. Ela está com quase dois anos.

— A idade da genialidade.

A dra. Mason aparece na porta e cumprimenta a todos com um movimento de cabeça abrangente como se fôssemos uma entidade única.

— Ótimo. Todos estão aqui. Como se sente? — pergunta ela a Sally.

— Como se estivesse embrulhada em uma espuma de proteção.

— Não me surpreende. Você ainda está se acostumando com a medicação. — E voltando-se para nós: — Gosto da resposta de Sally. Mostra que está pensando além de si mesma. Ela está se afastando da propensão literal da psicose, em que uma pessoa não é *como* Deus, ela *é* Deus. Vejam bem, não estou dizendo que Sally alguma vez achou que fosse Deus. Estou dando apenas o exemplo mais óbvio. Você tem alguma opinião sobre o que eu acabei de dizer, Sally?

— Você já decidiu se eu sou maluca? — pergunta ela.

— Maluquice é uma palavra que preferimos não usar — diz a dra. Mason.

O pé de Sally continua a bater, como o som de uma roda em rápido movimento.

— Isso vai passar quando o haloperidol estiver ajustado — diz a dra. Mason.

— Quando será isso? — pergunto.

— Essa é uma questão para o médico de Sally lá de fora tratar.

Manifesto minha preocupação sobre até que ponto a medicação mudará Sally ao longo do tempo.

— Tenho a impressão de que está matando mais do que sua psicose.

— Bem, sim, sr. Greenberg, a medicação está provocando mudanças nela. É o que se espera que faça. Haverá efeitos colaterais, claro: letargia, talvez alguma dificuldade de entendimento.

Abaixo da superfície de sua autoridade suprema, percebo a resignação que atinge muitos psiquiatras clínicos depois de um tempo, como uma capa profissional de insensibilidade: o dar de ombros tácito, quase invisível, que diz *"isso é tudo o que posso fazer por você"*, a cruz que os psiquiatras têm de carregar. É fácil imaginar quão desanimador deve ser administrar uma série de tratamentos em nada compensadores, que não progrediram muito desde que o médico de Lady Macbeth observou: "Esta doença está além de meus conhecimentos... Ela precisa mais de um sacerdote do que de um médico."

Aaron pergunta se as pessoas em geral na rua serão capazes de dizer que Sally estava sob medicamento.

— Ela não vai apresentar a dificuldade de locomoção da Torazina, se é isso o que você quer dizer. Mas será que ela vai ser a pessoa de aparência mais normal no trem A? Provavelmente, não.

— E no trem I? — pergunta Pat.

Rimos, Sally mais alto que todos.

— Aos 15 anos, a personalidade de uma pessoa ainda não se cristalizou — diz a dra. Mason. — Os adolescentes passam por fases que são... transformadoras. Há muitas possibilidades, muitos caminhos não percorridos que talvez ainda se apresentem a Sally. Não conhecemos sua linha de base no momento; portanto, não posso determinar sua proximidade dela.

A linha de base de Sally: o comportamento médio de uma pessoa no gráfico de humor. (Quem criou esse gráfico? E como sua precisão pode ser medida?) A palavra tem um estranho poder. *Se um corredor se desvia da linha de base, ele está automaticamente desclassificado.* Seria o retorno da linha de base de Sally o que eu estava esperando todas aquelas semanas? Ou a dra. Mason estava se referindo a uma nova normalidade que eu ainda não conhecia, mas que reconheceria quando ela se mostrasse?

Olho para Sally sentada do outro lado da mesa entre Robin e Aaron, deprimida, ou exultante ou em um estado misto que incluía todos os humores ao mesmo tempo. Como eu poderia saber? Ela havia sido arrancada da psicose em sua forma mais grave, exorcizada pelos remédios, apenas o suficiente para ir para casa. Mas o que mais fora alcançado?

— Quando ela chegar em casa, não a pressionem — adverte a dra. Mason. — Deem um tempo a ela. — E voltando-se para Julian, ela diz: — Lembra-se da menina cujos pais disseram: "Ao chegar em casa, você pode fazer isso ou isso", e fizeram uma lista com toda uma programação de atividades que eles haviam estabelecido para ela, e ela disse: "Sim, todas as coisas que acabaram me trazendo para cá"? Aquilo foi perfeito.

Senti como se ela tivesse acabado de me dar um soco na cara. Com o olhar, peço a ajuda de Julian, que exibe uma postura neutra, um pouco constrangida, não querendo endossar o comentário da dra. Mason, mas cauteloso em não se opor a ela. Até então, havia sido uma questão de concordância médica tácita que o distúrbio de Sally era simplesmente um caso de neurotransmissores descontrolados. No entanto a dra. Mason, em um aparte descuidado que parecia representar sua verdadeira crença, *nos* culpava pela condição de Sally. A suposição humilhante era que, ao levarmos Sally para casa, ela estaria voltando para "uma situação que não funcionava", segundo o jargão dos profissionais de higiene mental. Como arquitetos dessa "situação", fomos os promotores da psicose. Aparentemente, éramos culpados em ambas as instâncias, a da natureza e a da criação.

Neste exato momento, minha descrença em uma solução médica é total.

Por fim, a dra. Mason dá o diagnóstico de Sally. Pretensamente, este é o motivo de nossa reunião, mas ela o trata como se fosse um item em um formulário incompleto que deve ser preenchido de forma indefinida. Ela declara que Sally é "bipolar 1", não porque endosse tal diagnóstico, mas porque Sally precisa de um rótulo, de um cartão de identificação que a conduza pelo sistema de saúde mental, e o termo bipolar 1 fará isso.

Na verdade, é o diagnóstico pelo qual eu esperava, visto que seu peso social é menor do que o do outro diagnóstico, aquele condenatório: esquizofrenia. A psicose maníaco-depressiva (como era chamada a bipolaridade 1) foi o mal que afligiu Byron, Robert Schumann, Virginia Woolf: a doença da exuberância, da volatilidade, do magnetismo e da invenção. Se ao menos eu acreditasse nisso.

— Eu diria que o caso de Sally é clássico — diz a dra. Mason —, exceto pelo fato de que ela é um pouco jovem para apresentar os sintomas de maneira tão... adulta. Os episódios maníacos iniciais normalmente não ocorrem antes de o paciente estar com uns 20 anos. O prognóstico para a deflagração na adolescência pode ser menos otimista, mas não há regras... — Seu tom de voz indica que ela já saiu da sala, o que prontamente se mexe para fazer. Ao se levantar, as pernas da sua cadeira arranham o chão. — Vocês vão ficar bem. As coisas vão se ajeitar. Confiem em seu médico. Vocês só precisam seguir o programa.

Há um vazio momentâneo após a saída da dra. Mason.

— Que figura — comenta George.

Robin dá um suspiro, revelando um alívio de tensão coletivo.

Encorajador e nervoso, Julian diz:

— Recebi sinal verde do programa de assistência ambulatorial; assim, Sally, quando você nos deixar, não cairá no vazio.

Ele declara que precisamos preparar um "Contrato de Saúde", um conjunto de diretrizes a serem seguidas quando Sally retornar para casa.

— É um contrato entre Sally e vocês, os responsáveis por seus cuidados — explica ele, retirando um bloco de notas amarelo de sua pasta e colocando-o sobre a mesa. — Será útil ter essas coisas escrita em preto e branco. Isso dará a Sally algo a ser trabalhado, uma sensação de progresso. Um objetivo.

No bloco, Julian rascunha uma lista de intenções, ao estilo 12 passos.

A psicose maníaco-depressiva é um distúrbio biológico. Não consigo me livrar dela apenas porque desejo me livrar dela. Mas posso administrá-la e mantê-la sob controle. Como posso fazer isso? Tomando minha medicação e assumindo a responsabilidade pelo meu tratamento. Sem drogas nem álcool. Nunca. O que acontecerá se seguir essas regras? Aos poucos, vou ganhar cada vez mais a independência que quero e mereço.

Discutimos o que aquela "independência" acarretará, esmiuçando os detalhes, uma série de punições e recompensas segundo o modelo dos cinco níveis de privilégio do quadro branco da enfermaria psiquiátrica. Exceto que, dali em diante, a "enfermaria" será o nosso apartamento na Bank Street. As exigências de Sally são incoerentes e imprecisas, como se a ideia de deixar o hospital fosse irreal para ela. O futuro imediato não existe, apenas o futuro fantástico da infância e da genialidade perpétuas: a utopia além do alcance de Sally.

— Tá bom, tá certo, estou doente! — diz ela, e com um floreio súbito, quase alegre, assina o contrato e o fez deslizar pela mesa em minha direção. Eu também o assino, assim como Pat, Robin e George.

Aaron se abstém, para manter seu status como "companheiro e confidente" de Sally.

Apertamos as mãos como diplomatas. Sally será liberada às 10 horas do dia seguinte. O Contrato de Saúde, com sua redação de nível escolar, é o que temos para nos guiar.

1) *Receber visitas de amigos, um de cada vez, 15 minutos em casa.*
2) *Fazer passeios de 15 minutos pela vizinhança por conta própria.*
3) *Receber visitas mais longas de um amigo em casa.*
4) *Fazer passeios mais longos pela vizinhança por conta própria.*
5) *Receber a visita de um amigo para passar a noite em minha casa.*

Se eu for digna de confiança e continuar a me recuperar, vou poder passar para a etapa seguinte, uma por vez. Se eu não for confiável, vou voltar para a etapa anterior.

— Cole isso na porta de sua geladeira — diz Julian. — Tente ser paciente. Está fazendo tudo certo. Você quer ir para casa, Sally? — pergunta.

Sally balança a cabeça distraída. Em seguida, dá uma risada, uma explosão entrecortada em stacatto, os olhos arregalados e brilhantes, embora esgazeados em seu novo jeito ameaçador.

Voltamos para o quarto de Sally no final do corredor da enfermaria.

— Não gosto do Julian — diz Robin. — Ele me dá arrepios. — George pega seu braço. Passamos por uma longa fileira de portas semiabertas. — Agora entendo por que não conseguimos lidar com Sally quando ela vivia conosco em Vermont — diz ela.

Quando chegamos ao quarto, Sally comunica que deseja ficar sozinha com Aaron.

O restante de nós fica esperando no corredor, eu e George sorrindo inutilmente um para o outro, Pat em silêncio, Robin chorosa e cordial. Ela nos conta que está pensando em comprar o cavalo de sua vizinha.

— É um alazão, um Morgan, como o Pepsi — diz, mencionando o cavalo que seus pais mantinham em sua propriedade em Vermont quando a conheci.

— Vou ter de construir um estábulo para ele — diz George.

Aaron sai do quarto com Sally, o braço em volta dela.

— Eu amo o meu irmão — diz ela. — Meu irmão mais velho. Ainda há uma esperança para ele.

— Assim espero, com todas as forças — diz Aaron.

Sally volta para o quarto.

— Vão embora, agora. Quero ficar sozinha.

Todos se despedem. George vai ter de voltar para Vermont naquela noite, mas Robin se oferece para permanecer em Nova York por alguns dias.

— Vou me hospedar com meus tios em Westbeth, se você achar que isso pode ajudar — diz ela. — Fica a apenas algumas quadras de vocês.

— Isso seria maravilhoso — respondo, surpreso e comovido.

Pat concorda, enternecendo-se.

— Não vai ficar tudo nos seus ombros, pai — comenta Aaron. — Você não vai ter de lidar com isso sozinho. Você tem a todos nós.

Robin concorda com a cabeça, sensibilizada, e ela e George partem em uma onda de bom ânimo.

Vagando pelos corredores, Fabulosa reconhece Aaron e, com uma esperteza indômita, desmaia dramaticamente para demonstrar seu interesse por ele. Ela levanta sua blusa, exibindo pedaços de uma nudez violenta e crua.

Aaron finge participar, instintivamente gentil, embora pareça nervoso e desnorteado.

— Não é o que imaginei — diz ele depois.

Mas o que ele imaginou? Penso na avalanche de imagens que eu tinha em mente sobre a loucura, o conhecimento popular da demência que levei para a enfermaria quando Sally foi internada, tão vívido e irreal quanto o ogro na floresta ou o lobo à porta.

— Sally tem uma doença mental, pai. Algumas pessoas, ao descobrirem isso, a verão como uma *eterna* doente mental e nada mais. Elas terão menos confiança em Sally. Sei o que falam, especialmente sobre as garotas. As pessoas são impiedosas. Vão rir e fazer piadas. Temos de manter isso entre nós.

Parte Três

Na manhã seguinte, vou sozinho à enfermaria, levando uma maleta, na qual imediatamente começo a guardar os cadernos e canetas de Sally, suas revistas e seus pijamas — os objetos que ela acumulou durante sua estadia ali.

Enquanto ela veste a blusa e o jeans que levei para ela usar do lado de fora, sua colega de quarto se remexe na cama. Os lençóis escorregam de cima dela como uma camada de grama destruída, enquanto ela se senta e planta os pés no chão. Ao se levantar, ela oscila por alguns segundos. Em seguida, andando com dificuldade, transpõe os cinco passos necessários para alcançar o banheiro. Quando, com um empurrão, ela abre a porta de aço bege, parece um triunfo cósmico da ação sobre o torpor. E pela primeira vez vislumbro seu rosto: o de uma menina no final da adolescência, mas com feições flácidas e decadentes, como se os próprios músculos que sustentam a expressão estivessem mortos nela.

No posto das enfermeiras, o nome de Sally ainda está no quadro branco como Nível 3: permissão para saídas diárias de 15 minutos. Com afetação, ela se senta no pequeno banco próximo à porta trancada da enfermaria, onde o professor de estudos clássicos havia se sentado antes de seu filho levá-lo para casa.

— Você consegue, garota — diz a enfermeira Phillips. E voltando-se para mim, enquanto mergulha no posto de comando envidraçado em que meia dúzia de funcionários trabalham: — Volto em alguns minutos com as prescrições médicas de Sally.

Julian aparece com as informações sobre a clínica comportamental de assistência ambulatorial em Washington Heights, onde Sally continuará a receber tratamento após ter alta.

— O nome da médica é Nina Lensing. Acho que vocês vão gostar dela. Marquei uma consulta para depois de amanhã. — Enrubescendo, ele me convida para um recital no qual vai tocar violoncelo. — Vamos tocar o Opus 132 de Beethoven, uma de suas últimas grandes obras para quartetos de cordas. Todas as emoções que se possam imaginar estão ali. Provavelmente, é um desafio maior do que deveríamos enfrentar. Mas a música é fora do comum.

Apertando minha mão, ele sai apressado.

Sento-me ao lado de Sally no banco, e ficamos observando uma nova paciente ser admitida, uma chinesa cinquentona que estaria "ouvindo vozes de novo", como explica calmamente o jovem que a acompanha. Com Rufus e outra enfermeira, ele a escolta até o fim do corredor.

A enfermeira Phillips retorna com um punhado de prescrições.

— Não queremos ver você aqui novamente, menina. Entendido?

Eu e Sally andamos até a Lexington Avenue em silêncio, passamos pela roleta do metrô e pegamos o trem para o centro da cidade. Sally tenta envolver o homem sentado ao seu lado em alguma discussão de foro íntimo, como se ele naturalmente soubesse o que se passa em sua cabeça. Ele demonstra interesse. Levo Sally para um assento na outra extremidade do vagão. O homem — bem-vestido, de barba, meia-idade — ri de modo malicioso e, possivelmente, sórdido.

— É perigoso falar com estranhos — digo, repreendendo-a como se ela fosse uma criança de 5 anos.

O apartamento está vazio quando chegamos. Sobre a mesa há um bilhete de Pat: Bem-vinda ao lar, Sally! Encontro você depois do ensaio!

Sally está sem fôlego, tendo precisado descansar várias vezes enquanto subíamos as escadas, embora nunca houvesse apresentado a menor dificuldade com isso antes.

Uma leve brisa sopra do rio a três quarteirões. Pat fez uma limpeza completa no apartamento: tudo está arrumado em seu lugar.

Sally vai direto para a estante onde os acessórios de seu surto estão dispostos: os *Sonetos* de Shakespeare, a Bíblia King James, seus cadernos, meticulosamente arrumados por Pat. Sally pega seu walkman e segura-o como alguém faria com um vaso quebrado após uma festança.

Ela sobe no beliche e se deita.
— Pat fez a cama com seus lençóis preferidos — digo.
— Hummm.
Ela tira os sapatos, que caem no chão com pancadas consecutivas. Quando chamo seu nome, ela já não está mais consciente para responder.

Perambulo pelo apartamento. Nosso inocente pouso boêmio. Tudo mudou, ainda que nada tenha mudado. Ela está sob nossos cuidados, mas sempre esteve sob nossos cuidados. Ocorre-me que esqueci de deixar suas receitas médicas na farmácia. Agora vou ter de esperar; deixá-la sozinha, mesmo que por alguns minutos, está fora de cogitação.

Telefono para Jean-Paul, um produtor de cinema independente que me procurou alguns dias antes do surto de Sally com uma ideia para um roteiro coescrito por mim para um jovem diretor que ele está promovendo — um fotógrafo cuja ambição é fazer "uma história de amor sublime, que seria uma atualização de *Cinderela em Paris* passada no universo da alta-costura".

— Jean-Paul — digo à sua secretária eletrônica —, precisei deixar a cidade inesperadamente. Estou de volta agora. Vamos nos reunir assim que possível e continuar nossa conversa de onde paramos.

Não tenho muita esperança de que este telefonema renda frutos, mas é um começo, e eu preciso voltar ao trabalho. No rádio, o prefeito Giuliani está falando com um de seus eleitores: "Não são os terroristas que me preocupam. Estes, nós controlamos. São os malucos como vocês, que vivem em suas tocas."

Mudo o canal para uma estação de música clássica. Uma sonata de Bach.

— Era esse tipo de música que eu ouvia antes de você me trancafiar. — A voz de Sally emana do beliche.

Com um ímã, prendo o Contrato de Saúde na porta da geladeira, como as ordens judiciais de interdição que às vezes vemos coladas na entrada de restaurantes decadentes.

A psicose maníaco-depressiva é um distúrbio biológico. Não consigo me livrar dela apenas porque desejo me livrar dela.

Pego um de seus cadernos, com desenhos estampados na capa (a marca de sua inocência), e o abro aleatoriamente em uma página:

Ando muito. Não consigo parar de andar. Estou perto do cais. Se prestarmos bastante atenção, é possível ouvir a vida na água. A lua e as estrelas são encobertas pelo brilho das luzes elétricas que sobem para o céu — uma manta que mantém a face do céu invisível, mas o mundo abaixo acordado. Ao olhar para cima, consigo ver o surgimento de um futuro para o mundo pintado no céu e as muitas pessoas que nunca descansam, apenas trabalhando para concluir esse quadro.

Deixo o caderno de lado cheio de culpa, justificando a violação com o fato de ela estar doente e de sua escrita poder me dizer o que eu não posso descobrir em sua companhia, me ajudando a compreender. Mas o que entrevi, além de indícios longínquos de excelente poesia dentro dela?

A campainha da porta toca. É Robin. Ela está apoiada no corrimão, suspirando comicamente, exausta da subida.

— Sally está dormindo — digo.

Mas, na verdade, ela está em pé atrás de mim, tendo descido silenciosamente da cama. Seus pés estão descalços e tenho a impressão de que seu rosto, pálido e brilhoso, está mais redondo do que de costume. Ela parece menos animada do que o habitual, inchada pelo sono, mais apática e cada vez menos presente, ao que tudo indica, como se a energia do seu ser tivesse sido soterrada.

— Minha pobre querida — diz Robin. Ela trouxe episódios gravados do programa de televisão *Little house on the prairie*. Colocando a fita no videocassete, ela se aconchega com Sally no sofá-cama.

— Vocês não sabem como amar um ao outro — diz Sally.

Como havíamos combinado, eu e Robin ignoramos aquilo, embora eu tenha ficado animado com a alusão de Sally ao passado verdadeiro, e não a um passado idílico que nunca existiu.

— Vou mandar fazer os remédios — digo. — Depois, estarei em meu estúdio por um tempo. A próxima dose de Sally é somente à noite. Você pode ligar para lá se precisar de mim.

É com um sentimento de vergonha insuportável que entrego ao farmacêutico na Eight Avenue o quadro completo do transtorno mental de Sally: o cogentin relaxante muscular, o ácido valproico anticonvulsivo, o haloperidol antipsicótico, pílulas para dormir, um ansiolítico — tudo o que ela estava tomando no hospital, além de lítio, caso este se prove terapêutico.

Interpreto como uma crítica a testa levantada do farmacêutico ao ponderar sobre o pedido, embora ele possa estar apenas feliz pela venda. Quando ele me pede os dados do seguro, informo que vou pagar em dinheiro.

— Vai dar 724 dólares — diz ele. — Vou precisar de um depósito. Os remédios vão estar prontos para entrega em algumas horas.

Um relance de pânico. Tenho 3.500 dólares restantes no banco. Pat tem cerca de 1.500.

Após pagar os remédios, caminho para o meu pequeno escritório, meu "estúdio", como o chamo, um cubículo em um prédio próximo ao rio, onde tenho escrito, em maior ou menor medida, nos últimos dez anos. Com a fachada de tijolos pintados de branco descascando, o prédio de três andares se destaca na West Street como um homem que desistiu de fazer a barba e cortar os cabelos. No final dos anos 1960, o prédio foi dividido em "espaços de trabalho economicamente acessíveis para artistas", o aluguel sendo mantido sob controle graças à generosidade de uma organização filantrópica cujo objetivo a longo prazo era aumentar o valor imobiliário em uma área de conjuntos habitacionais, gráficas e oficinas mecânicas abandonadas.

Eu não pisava em minha sala havia 24 dias, e o espaço me parece diferente, mais abandonado, desnecessariamente vazio. O tráfego ecoa alto dois andares abaixo na West Street e partículas de poeira se espalham das fendas nas paredes trepidantes.

Tiro da gaveta o manuscrito do romance que finalizei recentemente — ou assim acreditava. Eu o intitulara *Sleep of Reason*.* Um desacreditado jornalista de cidade grande retorna a sua cidade natal, onde arranja um emprego como repórter policial no periódico local. Ele acaba escrevendo sobre os roubos que ele mesmo comete, transformando seu ladrão em uma figura popular, e então, disfarçado em sua criação, seduz a mulher que o rejeitou quando ele era jovem. O romance tinha passado por três editoras com indicações de interesse futuro, mas sem venda imediata, e eu decidira parar de enviá-lo para apreciação, a fim de fazer algumas mudanças.

Agora, a história me parece melodramática, excessivamente romântica, um repórter autodestrutivo e desesperado por amor.

Coloco o manuscrito na minha frente sobre a mesa, uma pilha desalinhada de 405 páginas, esmeradamente digitado e revisado para os olhos de possíveis editores. Com o lápis na mão, começo a erradicar sua voz — erradicar o ofensivo "eu" — e substituí-la por um narrador na terceira pessoa, onisciente e indiferente.

Uma frase suspeita me salta aos olhos:

Havia um zunido no ar, o sonar do pânico, como eu o chamava, aquele diapasão especial da brutalidade que se escuta quando as coisas começam a desmoronar.

Excluída. Junto com todas as outras passagens que julguei muito sentimentais ou exageradas. Qualquer rumor de desordem por que passava na narrativa era cirurgicamente removido, cada excisão decidida em instantes, sem pensar

---

* *O adormecer da razão.* (N. do T.)

em seus efeitos no romance como um todo. Era como se minha intenção fosse neutralizar o livro, abrandar nele os sentimentos presentes.

Trabalhei firmemente com essa disposição por várias horas, até às 17h. No rio do lado de fora de minha janela há desportistas em caiaques, veleiros e esquis aquáticos: uma cena de cidade balneária que eu vislumbro como se estivesse olhando pelo lado errado do telescópio. Uma barcaça de lixo passa flutuando diante de minha janela a caminho do aterro sanitário de State Island, acompanhada por uma massa estridente de gaivotas.

Ao sair, passo pelo ateliê de Joe, um pintor expressionista abstrato de 80 anos, no final do corredor. A porta de Joe está entreaberta, seu ventilador portátil expelindo uma tórrida rajada de ar.

— Como vai o trabalho? — pergunto.

— Não podia estar melhor!

Ele me dá uma caneca de vodca e ouvimos seus antigos LPs de Maria Callas, cercados pelas pinturas de Joe: explosões alegres de cores e linhas subitamente alteradas, emblemáticas do espírito e do traço livre de Joe.

Na Bank Street, Robin está no sofá, lendo um livro sobre como obter a paz interior. Ela marca a página e apressadamente guarda o livro na bolsa, não querendo que eu o veja, preocupada, talvez, com minha desaprovação. O livro não é sério o bastante, não é literatura. Fico estranhamente feliz; tinha a impressão de que há tempos Robin havia parado de se importar com minha opinião sobre ela.

Sally dorme, fora de vista, a intensidade de sua presença palpável como sempre.

— Como ela está? — pergunto.

— Acho que ela está ficando mais consciente da situação à sua volta. Algumas horas com Sally, e você sente como se estivesse passando rapidamente por dezenas de mudanças. Dezenas de vidas.

Ela coloca a bolsa no ombro e se encaminha para a porta.

— Fiz o jantar. Há o bastante para você e Pat. Sally comeu, depois disse que não conseguia respirar e pediu que eu chamasse uma ambulância. Eu a dissuadi. Ela me disse que precisávamos discutir nosso relacionamento, mas que esperaria até eu me acalmar e voltar a ser eu mesma novamente. É tudo tão indômito com ela. Ainda não descartei a possibilidade de ela estar em contato com uma força maior.

— Espero que ela volte a fazer contato com uma força menor.

— Você não morreria se pensasse positivamente ao menos uma vez na vida.

Como sempre, nosso passado esmaga o que o presente joga em nossa cara. Lembramos um ao outro de nós mesmos, mais jovens e em formação.

— O que ela precisa agora é de amor, Michael, mais do que nunca, a sensação de que está sendo cuidada, custe o que custar. Você sabe disso, é óbvio. Não estou criticando você, é apenas o que sinto vindo dela de maneira intensa. Sou muito sensível em relação a Sally. Tenho que me policiar. Ela me afeta profundamente. Sempre me afetou. Às vezes, ao estar com ela, sinto que vou desmontar.

Abro a porta. Robin hesita na entrada, a centímetros de mim, relutante em partir.

— Ela me atacou violentamente quando tentei lhe dar algo para o mal-estar no estômago. "Você não é minha médica!" Foi difícil, mas estou orgulhosa de como lidei com a situação. Não dei importância. Estou aprendendo sobre minhas emoções: quisera ter feito um trabalho melhor antes. Às vezes, é preciso deixar as coisas de lado, sem se apegar muito. É uma questão de disciplina. Se você ficar quieto, pode ver seus pensamentos indo embora como a chuva. Se ao menos eu pudesse ensinar isso a Sally. Foi de grande ajuda para mim. Você, entre todas as pessoas, sabe como fico emotiva.

Uma ou duas horas após a partida de Robin, Sally acorda e fica vagando pelo apartamento, meio perdida, tentando se orientar no seu novo entorno. Por um instante, ela repousa a cabeça no meu peito. Isso dura não mais do que a medida de tempo necessária para receber um beijo ligeiro no rosto e eu refrear minhas suposições de que dali sairia a promessa pela qual ansiava. Eu sou seu pai e seu enfermeiro, embora não tenha a menor ideia de o que esse duplo papel fará conosco. A competência do enfermeiro implica desenvolver uma indiferença, uma frieza necessária.

— Como você se sentiria se o mundo acabasse agora mesmo? — pergunta Sally.

Ela toma seus medicamentos sem chiar e tomba no esquecimento novamente.

Como Rufus, passo duas vezes a tranca na porta do apartamento.

Pat chega em casa alvoroçada, com uma energia silenciosa, e devora a lasanha vegetariana de Robin.

— Queria que você fosse ao ensaio em algum momento — diz ela. — Aviso quando estivermos prontos. Provavelmente, dentro de uma ou duas semanas.

Sally, no sofá, abre os olhos.

— Bem-vinda! — exclama Pat.

Ela se levanta, caindo nos braços de Pat como uma estátua em queda.

Mais tarde, quando Sally está dormindo de novo, eu digo:

— Ela continua distante. Não vejo melhora. Fico procurando por sinais.

— Você está muito ansioso, Michael.

Volto para o meu estúdio por algumas horas e retomo o trabalho de esterilização de meu romance.

A clínica comportamental de assistência ambulatorial localiza-se em um austero prédio de granito com pedras angulares entalhadas sobre as janelas, na área de Washington Heights, no norte de Manhattan. A maior parte do prédio é voltada para o tratamento de doenças oculares e, ao entrarmos, eu e Sally quase colidimos com um paciente de saída, com um curativo tão grosso quanto um brioche sobre o olho esquerdo. No saguão, há mais pessoas em diferentes fases de degeneração ocular e cegueira.

A clínica comportamental é um conjunto de salas ocupando um canto estreito e ensolarado no sexto andar.

— Você ficará bem, papai, quando eu for adulta e chegar o momento de sair de casa? — pergunta Sally. E me beija no rosto, como se tivesse caído em um futuro imaginário em que fosse chegada a hora de me dizer adeus.

Após alguns minutos, uma mulher aparece na sala de espera para nos receber: é a dra. Nina Lensing, a nova psiquiatra de Sally, de origem alemã, com 30 e poucos anos. Ela usa uma blusa de pregas com listras e pequenos óculos de aro de metal de intelectual e exibe um capacete de cabelos louros e brilhantes.

Assim que a dra. Lensing se apresenta, Sally deixa escapar:

— Por que isso aconteceu comigo? *Por que eu?*

O rosto da dra. Lensing se ilumina com um sorriso encantador:

— Tenho feito a mesma pergunta sobre mim mesma, em circunstâncias diferentes, algumas vezes. E quer saber? Vamos trabalhar para descobrir a resposta.

A perna de Sally está tremendo a mil por hora.

— Aposto que você tem a sensação de carregar um leão dentro de si — diz a dra. Lensing.

— Como sabe?

— Você tem andado muito de um lado para o outro?

— É tudo o que eu faço. Quando não estou dormindo.

A dra. Lensing se curva com agilidade na cadeira da sala de espera ao lado de Sally e lhe diz em um tom de voz de conversa franca entre mulheres que a mania — e ela se refere ao distúrbio como se fosse uma entidade separada, uma conhecida mútua das duas — tem uma necessidade insaciável de atenção. Ela precisa de emoções, de ação, quer continuar florescendo, fará qualquer coisa para viver à sua custa.

— Você já teve uma amiga tão notável que você sempre queria estar perto dela, mas que só provocava desgraças, e por fim você desejou nunca tê-la conhecido? Sabe o tipo de pessoa de que estou falando: a garota que quer ir mais rápido, que sempre quer mais. A garota que se serve primeiro e não se preocupa com o resto. Poderia ser um rapaz também, claro, estou apenas dando um exemplo de o que é a mania: uma pessoa carismática e mesquinha, que finge ser sua amiga. Talvez não seja possível resistir a ela sempre, mas uma das coisas que vamos tentar aprender é a reconhecê-la pelo que ela é.

— Você está falando de mim. Eu sou essa garota — diz Sally.

— Sally, não se fazem mais pessoas inteligentes como você. Agora, vamos lá, mãos à obra. — Para mim, ela diz: —Vou precisar de uns quarenta minutos sozinha com ela; então, se for pertinente, pedirei que se junte a nós, certo?

— Com certeza.

Cerca de meia hora depois, a dra. Lensing reaparece, me chamando para ir até o consultório: um ambiente largo e mal conservado na ala sul, com um sofá rasgado sobre o qual Sally se espreguiça e boceja, sonolenta ainda que agitada.

— É um prazer trabalhar com sua filha, sr. Greenberg.

Elas riem como amigas compartilhando uma piada particular, e me espanta o entendimento instantâneo que a dra. Lensing parece ter alcançado com Sally. Talvez ela seja a terapeuta-xamã que eu tanto torci por encontrar.

— Eu e Sally traçamos uma meta: ela estar em forma para voltar à escola em setembro. Temos cinco, talvez seis semanas.

Ela tentar ir à escola nesse momento seria como correr uma maratona com a perna quebrada. Portanto, esse é o nosso primeiro indício de boa sorte: felizmente, é verão.

Quatro vezes por semana, eu pego a balsa com Sally para a clínica comportamental, 12 quilômetros ilha acima da Bank Street. A dra. Lensing nem sempre é tão expansiva quanto foi no primeiro encontro com Sally. Às vezes, ela é rude, o semblante fechado, os olhos escuros pela falta de sono atrás dos óculos professorais. Um ar vago de dissolução recai sobre ela. Seus convites para que eu me junte a elas próximo do final das sessões são cada vez mais raros. Sinto-me injustamente desprezado quando ela não se preocupa em me cumprimentar ou mesmo olhar nos meus olhos. Seu humor passou a me interessar quase tanto quanto o de Sally. Eu estico a cabeça para vislumbrá-la quando Sally entra em sua sala — a dra. Lensing afundada em sua cadeira de terapeuta, um pouco despenteada, lívida sob as punitivas luzes fluorescentes, embora extremamente atraente.

Quando ela finalmente acena para mim, sinto uma palpitação agradável e, com as mãos levantadas para me proteger do sol que atinge em cheio o rosto, entro na sala. A dra. Lensing ocupa a única cadeira, o que me obriga a colocar os pés de Sally em meu colo e sentar no sofá ao seu lado. Animadoramente informal. A dra. Lensing não finge existir algo como uma ciência da insanidade; ela não a exalta como se abrigasse um poder secreto de especialista. Não há opiniões absolutas nem uma autoridade final, ela parece dizer. Estamos todos às escuras.

Em resposta à minha constante ansiedade sobre o estado extremamente medicado de Sally ela diz, com seu inglês impecável, com sotaque alemão:

— Ainda é um desafio para ela se concentrar. Sem dúvida. Nada é perfeito. Mas também não é para sempre. A mania é... — Buscando a palavra certa, ela começa a gesticular agitadamente com as mãos, como se tentasse agarrar algum objeto ilusório que voasse bem embaixo de seu nariz. — ... obstinada. A mania é obstinada. Ela se mantém firme, sem chamar a atenção. Não sou fã dessas drogas que deixam a pessoa nocauteada. Farei o possível para afastá-la disso. É parte do plano.

Em seguida, ela relata um contratempo: o lítio, o elemento número três da tabela periódica e o estabilizador de humor mais comum para os maníaco-depressivos; o lítio, o sal cinza-claro que é o elemento sólido mais leve do planeta, com seus três elétrons e o custo de cinco dólares pelo suprimento de um mês; o lítio não funciona para Sally.

— Isso não é uma catástrofe — diz a dra. Lensing. — Não dá certo para trinta por cento dos maníaco-depressivos.

Como alternativa, ela está aumentando a dosagem de ácido valproico de Sally, um anticonvulsivo que muitas vezes é eficaz para a mania por razões desconhecidas.

— Se funcionar tão bem quanto espero, ela não terá mais que ser bombardeada: vamos diminuir gradualmente as doses de haloperidol e prolixin.

Como um complemento, ela nos fornecerá tranquilizantes, que devem ser tomados, caso necessário, durante surtos de insônia e inquietação.

— Sou psicótica, psicótica, psicótica — diz Sally.
— Isso não é uma identidade — retruca a dra. Lensing com severidade.

Imaginei como seria sentar com ela em outro ambiente, outro lugar, sem o sol, o divã rasgado e a proteção amassada do aquecedor, sem Sally e a limitação de tempo de cinquenta minutos. No cômodo imaginário, estou tentando seduzi-la. Sally está esquecida. A imagem fica cada vez mais nítida, e eu tenho dificuldade para me livrar dela, embora saiba que estou em terreno minado. No esforço para estabelecer uma paridade de infortúnio entre nós, penso: ela é infeliz, sozinha, está com o coração partido. Ela se entrega mais do que as outras pessoas o fazem; não tem sorte com os homens. Concluo em minha cabeça que alguém em sua família era psicótico. Foi por isso que ela se sentiu atraída pela psiquiatria, para combater a loucura. O que ela pensa de mim, esse repositório das desgraças de minha família?

Eu me contenho. A terapeuta de minha filha! Digo a mim mesmo que estou envolvido em uma transferência misturada: se a dra. Lensing pode curar Sally, também poderá me curar.

É hora de Robin retornar para Vermont. George e o chamado da padaria:
— Meu ganha-pão — diz ela com um bocejo. — Nós jogamos cartas. Mais ou menos — comenta depois de sua última tarde com Sally. — Você já ouviu falar em compaixão tola? Você se destrói ao absorver o sofrimento dos outros e não faz nada de útil por eles.

Para começar, ela está magra, perdeu peso e se tornou esquelética. Tem manchas roxas em meia-lua sob os olhos, embora afirme que cochila todos os dias com Sally e que dorme "como uma pedra" à noite na casa de sua tia.

— Estamos nas extremidades opostas do campo de energia, você e eu, Michael. É por isso que nos atraímos. Mas não poderíamos cumprir a promessa de nossa natureza polar, não poderíamos encontrar a totalidade pela qual ansiávamos. Talvez Sally seja o resultado dessa falha. No sentido cármico, quero dizer.

Com um abraço prolongado e mole, ela se despede de Sally.

Agosto se estende diante de nós como um deserto que não temos coragem de atravessar. Trinta e seis dias antes das aulas começarem, uma data que parece pertencer a um futuro inimaginável. Eu me preocupo, segundo os avisos de Aaron, com a reação dos colegas de classe de Sally em relação à sua personalidade alterada — o escárnio, a crueldade, o distanciamento primordial que é uma resposta universal à loucura.

A euforia colérica de Sally tem início sem aviso no meio da noite ou à 1 hora da tarde. Saindo abruptamente de uma letargia inacessível, ela me repreende por minha ignorância, meu medo, meu desamparo, minha tentativa de controlá-la, de reprimi-la.

— Tenho a sensação de estar confinada — diz ela, e não apenas com relação ao apartamento: ela confessou a Pat que sente um forte desejo de se abrir ao meio, como se estivesse presa dentro de um traje de pele com zíper.

Eu e Pat vivemos em estado de alerta vermelho, monitorando seu humor, seu tom de voz, atentos à urgência de seus passos quando ela vaga — em um momento, sua terrível indiferença, no instante seguinte, seus planos fantásticos e mirabolantes. Trocamos observações um com o outro de forma cifrada, como espiões. Uma onda constante de ansiedade percorre meu corpo. Se eu adormeço, imediatamente acordo de novo, como se estivesse proibido de perder a consciência por mais de alguns poucos minutos de cada vez.

Depois de uma de suas explosões, ela se enrosca perto de mim no sofá com o rosto vermelho e coberto de lágrimas.

— Preciso de uma cirurgia — diz ela.
— Onde?
— Na minha boca.

A televisão se transformou na nova trilha sonora de nossa casa, um coro barulhento de risos gravados, anúncios e aplausos frios, a tela mudando de uma cena para outra como um sinal de trânsito fora de controle. Deitada na frente do aparelho, Sally parece desfalecida. Sua incapacitação me enfurece. Se ao menos houvesse um meio-termo entre as explosões e aquela inatividade. Como contê-la, como animá-la, como viver com ela agora?

Com o dia das eleições se aproximando, Bill Clinton e Bob Dole aparecem com mais frequência na TV, apresentando graus variados de esforço para reduzir os efeitos nocivos da propaganda adversária e das insinuações.

Dole, na Califórnia, está reclamando da lei de proteção às espécies ameaçadas de extinção: "Sei que tudo isso é muito importante, o pitu e o rato-canguru, mas também devemos pensar nas pessoas."

A plateia vibra.
Desligo a televisão, abruptamente.
Sally não dá um pio em protesto, e percebo, com um novo golpe de misericórdia, que, embora ela olhasse para a tela, não estava assistindo a nada.

Seguimos o Contrato de Saúde como se fossem instruções para alguma peça de mobília desmontada que houvesse chegado pelo correio. Julian estava certo — aquilo nos ajudava a medir os progressos de Sally. O que parecera ridiculamente simples quando redigido com Julian, agora ganhava um contorno intrincado e complexo. Seria bom receber a visita de um amigo, mesmo que por apenas 15 minutos, conforme estipulado pelo primeiro item do contrato, mas Sally não parece desejar isso, e eu e Pat relutamos em permitir que a notícia de seu surto se espalhe.

Por isso, pulamos diretamente para a segunda prerrogativa: "*Fazer passeios pela vizinhança de 15 a 20 minutos por conta própria.*" Isso permite que Sally se sente nas escadas da entrada de nosso prédio e fume seus cigarros, um hábito adquirido no hospital que em circunstâncias normais insistiríamos em que ela largasse. Em comparação com os outros infortúnios de Sally, entretanto, fumar parece de menor importância.

Durante um desses intervalos para fumar, meia hora se passa antes que eu perceba que ela não subiu de volta. Irrompo pelas ruas tentando localizá-la — às margens do rio, onde Sally passou tantas horas antes de ir para o hospital, e no Sunshine Cafe, cujo proprietário, que nos expulsou naquele fatídico dia, está curvado sobre o balcão, lendo a coluna sobre conselhos sexuais do *Free Press*.

Finalmente a encontro na esquina da Hudson com a Morton Street, observando placidamente a vitrine de uma livraria infantil chamada Time of Wonder.

— Sally, você estava fugindo?

A pergunta parece deixá-la perplexa.

— Para onde? — Acho que a ouço perguntar.

Com as mãos juntas à frente do corpo, ela observa as imagens de Babar e Celeste, da Velha Senhora e do macaco Zéfiro em seu reino idílico.

Ponderamos por alguns minutos sobre aqueles personagens e sua reconfortante emanação de bondade. Depois, de mãos dadas, levo-a para longe dali, passando pelo parque na Bleecker Street, onde ela insiste em que paremos para desfrutar a alegria barulhenta de um grupo de crianças correndo sob um arco de água que jorra de um aspersor no jardim.

Em casa, ela ferve água para fazer café. Leva uma eternidade para conseguir levantar a caneca até a boca, que em seguida escorrega de suas mãos e se espatifa no piso da cozinha.

— Não consigo segurar nada — murmura ela.

E é verdade. Por sugestão da dra. Lensing, designamos a ela a tarefa de lavar a louça, e a quebradeira de pratos, pires e cinzeiros tornou-se mais um componente da trilha sonora de nosso apartamento. A louça que sobrevive aos cuidados de Sally, nós lavamos novamente durante seus cochilos para retirar os restos de comida que passam despercebidos. Seu olhar para os detalhes, tão aguçado no passado, desapareceu.

É como se ela estivesse meio cega, tateando em meio a uma desatenção quimicamente imposta.

Não conseguindo esperar nem mais um segundo para que Sally se livre de sua inclemente hiperatividade, tento ver o mundo por sua ótica e tomo uma dose completa de seus medicamentos.

São quase 10 horas da manhã e estou sentado na sala com Sally quando começo a sentir os efeitos — em ondas. Fico tonto e distante, como se estivesse prestes a cair de uma grande altura, mas com os pés pregados na beira do precipício, de modo que o impulso da queda em si é indefinidamente adiado. O ar parece úmido e grudento, até que, por fim, sou engolido por um pântano no qual é impossível me mexer sem um grande esforço e somente alguns centímetros por vez.

Pego o *New York Times*, que comprei mais cedo naquela manhã:

Cientistas identificaram compostos orgânicos e determinados minerais ao estudar um meteorito de Marte que caiu na Terra, comprovando a existência de vida primitiva no passado do planeta.

Leio a frase várias vezes, tão confuso pela relação que poderiam ter as palavras "primitiva", "meteorito" e "Marte" que começo de novo pela primeira palavra, determinado a extrair algum sentido daquilo. A essa altura, entretanto, estou perdido, com a cabeça girando, incapaz de obter algum relance de lógica ou sentido. A frustração é parecida com a que sentia na infância quando meu irmão mais velho pressionava o pé sobre o meu peito e me imobilizava. Tenho a impressão de que aquilo já dura uma hora, mas quando olho para o relógio — o que leva mais trinta segundos — percebo que apenas alguns minutos se passaram.

Estou sentado no sofá enquanto Sally está à mesa, batendo com o pé direito, um consumo de energia que parece dissipador e incrível. Então é essa a sensação de estar sob medicamento, penso vagamente. Robert Lowell, narrando os efeitos do amplictil, escreveu: "Eu mal conseguia engolir o café da manhã tamanho o medo que tinha do esforço necessário para abaixar e fazer minha cama. E as exigências racionais desse ato eram mais perturbadoras do que as físicas... Minha cabeça doía... Sentia meu abatimento crescer e, em seguida, diminuir novamente."

O bloqueio da dopamina em um cérebro como o meu, que normalmente fabrica uma quantidade mais ou menos normal da coisa, é diferente do que ocorre em uma mente maníaca como a de Sally ou de Lowell. Mas eu tenho a forte impressão de entender um pouco o que se passa com ela. Em algum nível fundamental, eu fui impedido, como Sally, de experimentar o impacto de estar plenamente vivo no mundo.

Levanto-me do sofá para provar a mim mesmo que sou capaz de fazê-lo, dou três passos pela sala e depois, bocejando incontrolavelmente, corro para me sentar de novo. Faço um esforço para cuidar das coisas mais simples, como preparar o almoço de Sally ou retornar um telefonema. Um pânico irrefreável se apossa de mim, um pânico de indiferença, se tal coisa fosse possível, como se eu tivesse sido relegado a um papel mínimo no drama de minha própria existência e perdido a deixa para entrar em cena.

Olhando para Sally, sinto como se não fosse possível distinguir entre minha impotência e a dela. Entendo exatamente o significado de suas palavras quando ela disse à dra. Mason que se sentia "como se estivesse embrulhada em uma espuma de proteção". E compreendo seu encanto pelo cigarro: a estimulante chama do fósforo aceso, o formigamento intenso da fumaça quando chega aos pulmões, o batimento cardíaco acelerado com a contração dos vasos sanguíneos e o estímulo narcótico da nicotina. Tudo isso oferece um instante de atualidade, de existência, aguçado e centrado.

Mais tarde, quando os efeitos dos medicamentos acabam e tenho tempo de ver Sally na perspectiva daquele mundo entorpecido, percebo que os remédios não aliviam suas carências, mas sua própria capacidade de sentir. Porque essa capacidade, esse sentimento exorbitante — despertado pelo significado do vislumbre de um estranho, da expressão nos olhos de um repórter na televisão, dos pensamentos fixos ardendo na cabeça de alguém — é a maldição da psicose. ("À flor da pele" é o termo usado pelos terapeutas para aqueles que não toleram estímulos.) "Afastar-se da razão com a firme convicção de segui-la" é a definição de loucura de uma enciclopédia do século XVIII. E, de fato, uma convicção excessiva é o principal sinal de delírio. Evitar grandes emoções, induzir um estado sonolento e alienado são objetivos médicos para que o paciente viva em um tipo de cordão sanitário emocional. A psicose é o oposto da indiferença. Portanto, a indiferença aparentaria ser sua cura lógica.

Neste momento, no entanto, enquanto eu ainda estou sob os efeitos dos medicamentos de Sally, o telefone toca e preciso recorrer a reservas de energia escondidas em mim para atendê-lo.

Ouço minha voz dizendo "alô" como alguém com um travesseiro na cabeça.

— Desculpe-me acordá-lo, mas já passam das 11 horas, *mon frère*.

— Jean-Paul — consigo dizer, reconhecendo a voz do produtor de cinema para quem eu deixara um recado à procura de trabalho dias atrás.

— Podemos nos encontrar agora de manhã em meu apartamento? — pergunta ele. — Temos alguns assuntos para discutir. Devo avisá-lo logo que não pretendo fazer o jogo usual de esconder minha empolgação. Tenho quase certeza de que você não vai achar que está perdendo seu tempo.

Levo um bom tempo para desvendar o significado das palavras de Jean-Paul.

— Minha filha está doente. Não posso deixá-la sozinha — digo debilmente, após uma interminável pausa telefônica.

— Então vou até sua casa. Estou quase na esquina.

Isso era verdade. Eu havia passado várias noites no profuso jardim do duplex na West Eleventh Street onde Jean-Paul recebia uma dissonante lista de convidados; modelos, fotógrafos, escritores e diversos clarividentes da *new age*.

— Tem que ser hoje?

— Sim. Hoje. Agora. Se você tem alguma consideração por mim, Michael, não vai fazer jogo duro. — E me poupando do esforço árduo de responder àquilo, ele declara que chegará em 15 minutos e encerra a conversa.

Na tentativa de me mobilizar, coloco a chaleira no fogo para o café, mas quando ela apita, por um instante fico perplexo com o som. Em seguida compreendo o que se passa, embora a lógica necessária para medir e preparar uma xícara quase tenha me vencido. Antes que eu seja capaz de enchê-la com água, a xícara escorrega de minhas mãos. A louça estilhaçada parece minúscula, e a perspectiva de pegar a pá de lixo e a vassoura é tão desafiadora quanto escalar um muro de três metros. Reflito por alguns segundos sobre isso, sem me preocupar. É uma imagem de louça quebrada, não é real. Praticamente não existe. Então, momentaneamente alarmado pela extensão de minha indiferença, golpeio minha mão com um garfo. Isso dói! Ouço meus gritos como se estivesse do outro lado da sala. Para aliviar a secura ardente e espessa em minha boca, bebo direto na torneira da cozinha para matar a sede, ensopando minha camisa.

A campainha da porta toca e penso, sem muita preocupação, na imagem que Jean-Paul terá de mim e de Sally. Em algum lugar silencioso dentro de mim, uma ansiedade gigantesca começa a se contorcer, como um homem amordaçado com fita adesiva que se esforça para ser ouvido. Eu preciso desesperadamente do trabalho que Jean-Paul pode me oferecer e só depende de mim convencê-lo a fazer isso.

Enquanto aguardo no corredor de entrada, fico ouvindo seus passos escadas acima, um rito de passagem para qualquer visitante em meu apartamento e uma provação especialmente difícil para Jean-Paul, que precisa descansar a cada 15 ou 20 segundos antes de continuar a subida ofegante.

Parte Três

Ele surge em etapas: os cabelos e a barba grisalhos e eriçados, os borrifos emaranhados de capilares estourados nos cantos do nariz afilado, a figura balzaquiana e compacta bufando à vista e, em seguida, Jean-Paul estende sua mão flácida e de tamanho infantil para me cumprimentar.

Em meu embotamento, permito que sua mão fique pendurada no ar por um período de tempo insultante, até Jean-Paul recolhê-la com um franzir de cenho e usá-la para retirar o suor que pinga de sua testa.

— Jean-Paul — digo, acreditando estar gritando seu nome em boas-vindas, embora mal ouça a mim mesmo sussurrando.

Ele passa por Sally, deitada entorpecida no sofá, e depois pela xícara aos pedaços sobre o piso, enquanto me segue até a cozinha para pegar um copo de água.

— Ela anda com febre — explico com os lábios enrijecidos. — Tem sido muito difícil para ela, especialmente nesse calor.

Em reação à expressão de preocupação de Jean-Paul, acrescento, com uma pressa que poderia ser interpretada como insensibilidade:

— Ela vai ficar bem.

Sentamos cara a cara à mesa e sou capaz de perceber que Jean-Paul está atipicamente nervoso. Ele leu meu romance sobre o jornalista que faz a cobertura de seus próprios crimes. Esqueci completamente que tinha dado uma cópia para ele ler, já devia ter uns três ou quatro meses, na versão pré-editada, com toda a comoção imprópria que eu vinha eliminando ainda intata nas páginas.

Jean-Paul fala empolgadamente sobre o filme maravilhoso que o romance daria:

— Uma história sobre identidade, sobre como nos percebemos e como tentamos fazer os outros nos perceberem, um filme clássico — diz ele —, um *noir*, mas não estilizado como um *noir*, porque isso é uma cilada em que dezenas de cineastas já caíram e perderam a roupa do corpo por isso.

Tentando ser atencioso, faço uma cara que torço para que passe como minha expressão de maior envolvimento e interesse, mas então sinto o tremor de um bocejo oceânico surgindo e dedico toda a tênue força de minha concentração a não permitir que venha à tona.

— Com sua permissão, Michael, gostaria de negociar os direitos autorais e transformá-lo em um filme. Você estaria disposto, com um contrato em separado, a escrever o roteiro?

Os direitos autorais. O roteiro.

— Isso seria... maravilhoso.

— Ótimo! Vou entrar em contato com sua agente para discutir os termos. Desde que eu saiba que você está dentro.

Minha agente. Eu ainda estaria em sua agenda? A última vez que me comuniquei com ela foi para informá-la sobre minha decisão de retirar o romance do mercado — uma mensagem deixada na secretária eletrônica, a qual ela nunca respondeu.

— Vou lhe dizer uma coisa, Michael, você desenvolveu uma calma realmente admirável. Se eu tinha alguma dúvida sobre confiar esse projeto a você, ela se desfez por completo.

Ele se levanta, animado, satisfeito, apreciando seu suor agora, ao que parece, como um caçador ou atleta de sucesso.

— Que você melhore logo, Sally — diz ele e parte, descendo para a Bank Street.

Depois de minha experiência com os remédios de Sally, pressiono a dra. Lensing para que os suspenda ainda mais depressa do que o planejado. Dou o exemplo de meu irmão Steve, que ingeriu, segundo meus cálculos, mais de seis milhões de miligramas de Torazina nos últimos trinta anos.

— Ele recebeu dosagens maciças — digo. — Isso durou tempo demais, e acho que talvez o tenha transformado de forma permanente, deixando-o totalmente distanciado de seus problemas emocionais. É verdade que a concentração de Sally continua fraca — acrescento —, mas como pode ser diferente se os medicamentos tornam a concentração impossível?

A dra. Lensing escuta educadamente. Torno-me desconfortavelmente consciente do fervor em minha voz e, de repente, começo a me sentir observado como um paciente. Decido não correr o risco de lhe contar sobre minha experiência com os medicamentos de Sally. Estamos sozinhos em seu consultório: eu sentado no sofá em que Sally normalmente se refestela, os dois meio cegos pela luz do sol, a dra. Lensing com um novo corte de cabelo, o louro entremeado de listras negras, e a tatuagem de um pequeno pássaro exótico atrás do tornozelo, que eu noto pela primeira vez. Traços de uma outra vida...

— Estou começando a ganhar força com Sally — diz ela após uma conveniente pausa. — Ela não quer ficar isolada, seu impulso é para o exterior, o que posso lhe dizer que é uma notícia extremamente boa. Ela deseja ser compreendida, e não apenas por nós, mas também por si mesma. Ela ainda está presa à sua mania, claro. Está relembrando a intensidade de sua experiência e fazendo o possível para mantê-la viva. Sally acredita que, se abrir mão disso, vai perder as fantásticas habilidades que adquiriu. É um paradoxo terrível, de fato: a mente apaixonada pela psicose. Chamo isso de sedução nociva. Suspeito que existam coisas que ainda não me contou, pois acha que eu não vou acreditar nela, e ela não quer ser desacreditada. Especialmente por mim.

— Que tipo de coisas? — pergunto.

— Ah... incidentes que podem ou não ter acontecido realmente. Vozes, talvez.

— Vozes?

— Sim, é uma possibilidade. Não fique chocado. Acontece às vezes em casos de mania aguda. As vozes podem estar avisando a ela para não repetir o que dizem. Você pode achar estranho me ouvir dizendo isso, mas, na verdade, me sinto animada com elas. Elas proporcionam uma oportunidade para Sally compreender que esse tumulto no qual está vivendo foi criado por ela.

Conto-lhe que eu e Pat fizemos planos de levar Sally para um passeio. Um dia na praia.

— Isso será esplêndido. Para todos vocês — diz a dra. Lensing. Ela me adverte para comprar óculos escuros para Sally. — Você deve mantê-la na sombra, longe da claridade. Ao sol poente.

Rindo, ela remove algo invisível do braço à mostra. Completamente pálida, a própria dra. Lensing parece ter dado um jeito de evitar a luz do sol.

— Ah, sim, e certifique-se de que ela passe bastante protetor solar. Os medicamentos antipsicóticos deixam a pele altamente vulnerável a queimaduras.

E, assim, embarcamos em um carro alugado para nossa viagem de um dia à praia, em Rockaway, onde eu vivi quando criança. Irrequieta e inconstante, Sally discute comigo do banco de trás com uma voz armada que me embrulha o estômago.

— Você está monitorando meus sintomas, papai? Você está dentro da minha cabeça?

Ela se inclina em minha direção da parte traseira do carro, as mãos agarrando o encosto para a cabeça, sua boca a poucos centímetros do meu ouvido. A voz daquela impostora é mais do que um clamor, é o clamor *dela*, o nosso clamor, com sua irritação forçada — como passei a odiá-la profundamente!

Pat ocupa o banco do passageiro ao meu lado, concentrada no livro que está lendo — outro volume misterioso para abastecer sua coreografia, dessa vez do alquimista Paracelso —, nos ignorando.

Ao atravessarmos a ponte levadiça que liga a praia de Rockaway ao Brooklyn, Pat diz:

— Chega, Sally.

Sally fica furiosa e em silêncio por alguns segundos, depois retoma o ritmo acelerado.

Eu seguro o volante com tanta força que minhas mãos começam a arder. Estou dirigindo devagar, avançando lentamente, com medo de acelerar e relaxar. Eu explodiria com Sally se isso a fizesse calar, mas aprendi a esperar que esses ataques passem, em vez de ir contra eles.

Pat, com uma expressão de paciência infinita, retorna ao livro.

Chegamos à praia, cheia de turistas de um só dia como nós, meio nus, encharcados de sal e óleo. É o mesmo cenário que costumava me provocar arrepios em agosto quando eu estava crescendo nessa parte da cidade e todo mundo parecia viajar para o meu posto avançado em Nova York, reivindicando cada centímetro da areia — a mesma areia em que eu caminhava quando a praia estava deserta o resto do ano.

Quero contar a Pat e a Sally sobre aqueles verões, quando eu acordava logo após o amanhecer, arrumava guarda-sóis e cadeiras de madeira para os clientes habituais e depois reunia tudo novamente ao anoitecer, acorrentando o material sob uma lona. À tarde, com uma caixa de metal com gelo seco presa no ombro, vendia picolés de chocolate. Eu era muito pequeno para aquele tipo de trabalho e, invariavelmente, acabava arrastando a caixa pela areia, mas queria estar lá entre as garotas exibidas e frívolas, a turma barulhenta do surfe e os rádios competindo em alto volume. Uma dissonância de gêneros musicais: doo-woop, jazz, soul e rock and roll. Desejo pintar um quadro desse mundo para Pat e Sally, mas é como se eu falasse de alguém que tivesse *me* contado essas histórias, e não consigo prender a atenção delas.

Marchamos pela areia quente e grudenta até encontrarmos um espaço para esticar nossas toalhas a nove metros da água. Pat continua a ler. Sally vai dar uma volta na beira da arrebentação, parecendo Anita Ekberg em *La Dolce Vita*, com seus óculos escuros e sua alegria em alta voltagem, espalhando a água com os pés e batendo os braços como um passarinho prestes a voar — uma imagem que até poderia ter me comovido um dia, embora excessivamente dramática, mas que não consigo mais ver como nada além de abominável. Tento vê-la pelos olhos dos desconhecidos que a observam: uma garota inacessível em seu interesse por si mesma, além da provocação sexual ou do insulto.

Desabo na areia. Pat se deita perto de mim, estudando seu livro com uma intensidade que me perturba porque acho que é dissimulada. Talvez ela tenha a esperança, como eu, de que a ordem vá se restaurar miraculosamente sozinha, que o desvio de alguma forma se conserte. Trocamos olhares tensos de nossas respectivas toalhas. Tudo o que costumávamos esperar no fim de um dia — as histórias engraçadas que partilhávamos, os acontecimentos aleatórios que analisávamos e recontávamos, a ordem narrativa ou mesmo o sentido que nossas conversas pareciam dar à nossa vida diária, o sarcasmo das brincadeiras e dos segredos que eram de fato uma expressão de carinho, pois evidenciavam o quanto levávamos um ao outro em conta — toda a energia erótica e argumentativa que supria a excitação de nosso casamento havia sido soterrada pelos escombros da psicose de Sally.

Pergunto de forma um pouco jocosa se o livro que ela está lendo é interessante.

— Você parece tão concentrada nele — digo.

— Por que sinto uma crítica nessa observação?

Fecho os olhos e fico ouvindo a zoeira da praia e os aviões ecoando em partidas e chegadas no Aeroporto JFK, distante apenas alguns metros — sons familiares da minha infância.

Ao voltarmos à Bank Street, nosso senhorio Eric está me esperando. Ele e Pat soltam faíscas de animosidade enquanto ela desaparece no quarto dos fundos do apartamento com Sally (para protegê-la da bisbilhotice de Eric, tenho certeza).

Eric parece nervoso e irritadiço, e tenho uma ideia do motivo ao vê-lo segurando o exemplar de uma revista literária com um conto meu.

— Você deve estar feliz com isso — comenta ele. — Por que não me disse nada?

— Não pensei muito sobre o assunto. Para ser honesto, não sei nem se gosto do conto.

Era a resposta errada: recusar sua importância apenas aumenta o insulto imaginário. Por que eu não tenho me esforçado mais por conseguir que *ele* seja publicado é a eterna reclamação de Eric, não obstante o meu empenho em explicar-lhe que eu não tenho poderes para tanto, uma vez que não sou editor.

— Você leu meu romance? — pergunta ele.

Eu havia esquecido completamente! Ainda que o romance de Eric fosse mais fundamental para nossa relação inquilino-senhorio do que o aluguel. Ele contava comigo para dar uma opinião favorável sobre a última versão do romance, embora fosse possível constatar, com uma rápida olhada, que muito pouco havia sido mudado, como da outra vez em que ele me mostrara o livro.

— Planejava ler hoje à noite.

Ele parece ofendido e magoado, e eu me pego pensando em meu próprio romance, que venho reduzindo na ilusão de que o estou melhorando.

— Vamos beber alguma coisa — diz ele.

Andamos em direção a White Horse Tavern, na Hudson Street, e escolhemos a mesa embaixo do retrato sem moldura, grosseiro e cinzento de Dylan Thomas, que bebeu até a morte ali, em 1953.

Eric engole o primeiro copo de uísque em dois tragos e depois me presenteia com sua mais recente teoria sobre seus inquilinos: adoramos o endereço, mas odiamos nossos apartamentos, um paradoxo que nos deixa relutantes para seguir em frente, até mesmo quando se trata de uma questão de crescimento pessoal.

— Meu prédio foi feito para ser um ponto de passagem — diz ele. — Um dia, vocês terão que partir. Esse é o momento da verdade: ou você tem a coragem de dar o próximo passo e alugar outro apartamento ou fica estagnado, derrotado.

Acho que sei o que está por vir, embora não possa deixar de admirar a lógica acrobática que permitia a Eric misturar sua posição como senhorio com a visão de superioridade que tem de si mesmo enquanto diretor benevolente de nossa vida. Seus inquilinos são os personagens com quem de fato se preocupa, e não aqueles do romance; em mais de uma ocasião eu o vi agindo contra seus próprios interesses financeiros como forma de aprofundar o envolvimento conosco, afirmando-se como um elemento central em nossa vida. Após cinco anos na Bank Street, havia chegado meu momento da verdade: era hora de (eu, Pat e Sally) partir.

Ele dá a notícia com o ar de uma pessoa bondosa que se vê forçada, contra a sua vontade, a agir com dureza — sorrindo artificialmente, evitando cruzar olhares, apologético e sem jeito.

— Só estou mostrando o que você já sabe. É para o seu próprio bem. Qualquer um pode ver que Pat não está feliz aqui. Ela quer construir seu próprio lar com você... e está certa. Ela se ressente comigo apenas porque estou no meio do caminho.

Ele me lembra de que, quando fui para lá, concordamos que esse dia chegaria.

— Não estou sendo traiçoeiro. Era parte de nosso combinado.

Isso é verdade. Eu estou em dívida com Eric por me oferecer um lugar para morar depois que meu casamento com Robin se desfez e o dinheiro ficou escasso.

— Vou precisar de um tempo — digo.

— Quanto tempo? Duas semanas? Noventa dias? Vamos definir uma data. É sempre melhor assim.

— Tudo o que posso prometer é que vou me mudar assim que possível.

Eric tem que concordar; pelo menos, o cronograma será meu. Mesmo não tendo um contrato de aluguel, as leis de inquilinato da cidade de Nova York dificultam o despejo. Eu poderia mover um embate legal com Eric caso voltasse atrás em nosso acordo, algo que não tenho a menor intenção de fazer.

Na Hudson Street, Eric imediatamente decide ir para outro lugar.

— Vou ficar fora esta noite — diz ele, fazendo menção ao apartamento de um amigo em comum.

Impressionante ele ter o cuidado de pensar neste detalhe.

Ao retornar ao apartamento, sinto um prazer inebriante e doloroso com a extensão em que meu mundo desmoronou.

— Liberdade — diz Sally, dando tapinhas na lateral da cabeça. — Autonomia. Independência para tomar decisões. Pense nisso, papai.

Ela cobre as orelhas com o walkman, que recebeu novas baterias, e escorrega para o chão embaixo da janela, repousando o queixo sobre os joelhos.

Pat está ao telefone.

Contemplo os frisos parcialmente desmantelados na parede, o teto com manchas de umidade, as janelas remendadas: uma colagem de precária conservação. Nossa única contribuição à decoração eram as prateleiras de livros que prendi à parede; as outras tentativas de arrumar o lugar tinham sido invariavelmente desencorajadas. O apartamento era como o romance de Eric, um penhor para o futuro, uma possibilidade eterna, incompleta e, assim, livre da ameaça de um veredicto final sobre seu valor.

Só precisaríamos encaixotar os livros, fazer algumas malas e iríamos embora sem deixar vestígios.

No entanto para onde iríamos? A perspectiva de encontrar um lugar em Nova York que pudéssemos pagar era mínima.

Pat sai do banheiro, onde falava ao telefone, outra peculiaridade do apartamento. O cômodo fora um quarto anteriormente e era grande o bastante para caber uma secadora de roupa, uma cômoda de madeira e uma banheira enorme, com uma ampla borda azulejada, que abrigava vários livros, xampus, sabonetes e velas. Durante sua conversa, a única tomada de telefone do apartamento fora deixada ali, perto da privada.

— Você fede a uísque — comenta ela. — O que só pode significar que seu camarada não está muito longe.

— Ele não vai dormir aqui essa noite.

— Sem queixas de minha parte.

— Ele nos quer fora daqui, Pat.

— Tenho certeza de que foi apenas uma briga de namorados.

— É sério. Ele me levou ao White Horse, pagou alguns drinques e nos despejou.

— Ah, entendi.

Ela, na verdade, parece feliz. Em um espasmo de suspeita, me ocorre que, de alguma maneira, ela engendrou aquilo, alimentando pequenas batalhas com Eric e se recusando com desprezo a pagar sua parte do "aluguel" na forma de gestos subservientes e sutis de amizade, como um agrado a ele.

— Você praticamente provocou essa situação!

— Como? Ao me recusar a servir de capacho para o Eric, como algum tipo de bajuladora? Ou por esperar que ele nos trate com o mínimo de educação, mesmo que não sejamos nada além de intrusos para ele?

— É a nossa casa — digo com tristeza.

— Nunca foi a nossa casa. É isso que você não consegue entender.

Com uma voz irritada e sarcástica, ela deixa escapar algo sobre o fim "traumático" de meu "pequeno paraíso de solteiro".

Dou um tapa em seu rosto, inclemente e vexatório.

Com um grito trêmulo de espanto, ela joga uma bota na minha cabeça. A bota acerta bem no alvo, arrancando meus óculos. Minha cabeça está zunindo. A tensão do verão parece se acumular em mim, e é como se eu estivesse andando ao lado de mim mesmo, vazio e enfurecido.

Dou socos no tampo da mesa até minha mão latejar, enquanto Pat me observa, complacente, ou aterrorizada ou as duas coisas, balançando a cabeça em um *tsc-tsc* de incredulidade, com os braços cruzados sobre o peito, como se minha perda de controle comprovasse sua opinião mais impiedosa sobre mim e ela estivesse esperando que o estúpido furacão a matasse ou passasse.

A sala é um borrão. Tateio pelo chão em busca de meus óculos em uma névoa míope e espessa, depois desisto.

— Olhe para você — diz ela.

Investindo em sua direção, a empurro contra a parede.

— Não encoste em mim! — grita ela, e corre para o banheiro, trancando a porta.

Eu chuto e golpeio a porta, pedindo que ela saia, até que a almofada da porta arrebenta. Pego cada pedaço rachado e quebro em pedaços menores, e grande parte da porta está no chão em uma pilha de fragmentos que mais parecem lanças.

Pat está sentada na banheira vazia com as mãos ao redor das pernas, me observando com uma mistura singular de medo e indiferença antropológica.

Sento-me no chão entorpecido pelo que parece ser um longo período. Então Sally abre a porta para quatro policiais que entram ofegantes no apartamento, com seus equipamentos sacolejando e fazendo barulho.

Eu me esqueci de Sally. Ela parece encolhida e atordoada.

Como pude fazer isso com ela?

Suando em suas roupas à prova de balas, carregados de armas, munição, lanternas, cassetetes, algemas, blocos de multas e cadernetas em que anotariam os crimes da noite, os policiais rapidamente inspecionam a cena. A mão direita deles paira reflexivamente sobre os coldres de suas Glock semiautomáticas enquanto conversam em voz baixa, mantendo um ar despreocupado.

— Você deveria pedir ao senhorio que colocasse um elevador aqui — diz um deles.

— Vocês vão levá-lo para a cadeia? — pergunta Sally.

— Só se ele cometeu algum crime, mocinha.

E, naquele momento, o policial que falava reconhece Sally. Foi ele quem a retirou do meio da rua, na Hudson Street, e a levou para casa com Cass. Foi ele quem escondeu as facas.

Pat continua sentada na banheira.

— Foi você que ligou? — pergunta um dos policiais a ela.

Pat balança a cabeça afirmativamente, e eles a examinam, procurando por feridas, sangue, marcas de violência.

— Ela está bem.

Tenho um vislumbre de mim mesmo no espelho do banheiro, os cabelos desgrenhados, os olhos semicerrados e injetados. Com a sensação de que um trem passara sobre mim, me sento no sofá. Sally se senta ao meu lado, mas se esquiva quando tento consolá-la. Como poderia consolá-la? Sua fortaleza de sanidade — pelo menos eu me via assim — havia ruído.

— Explique seu relacionamento com esse homem — pede-lhe um dos policiais.

— Ela é minha filha — digo rapidamente.

— Perguntei à menina. Você é filha desse homem?

— Sim — diz Sally. — Mas não é minha culpa.

Tento chamar a atenção de Pat, mas ela não olha para mim. Conversa com a única policial mulher do grupo, respondendo às suas perguntas em um tom de voz que eu não consigo ouvir.

— Às vezes, é melhor se afastar um do outro quando as coisas esquentam muito — diz o policial que resgatou Sally da Hudson Street ao sair. — É o que eu faço. Saio e dou uma longa caminhada. E se a caminhada durar a noite toda, bem, é melhor do que fazer uma coisa da qual você se arrependerá pelo resto da vida.

Ouvimos os policiais descendo as escadas, falando alto, nossos vizinhos aparecendo no corredor para ver o que estava acontecendo.

— Vocês vão se separar? — pergunta Sally.

— Não — responde Pat.

A resposta também é para mim. Penso ter visto um sorriso nos lábios de Pat e percebo que seus olhos estão molhados de lágrimas.

Sally coloca os fones de ouvido novamente e sobe para o beliche, enquanto eu e Pat ficamos na sala como duas pessoas que acabaram de presenciar sua casa pegar fogo.

Estou assustado comigo mesmo e em choque por ela achar que precisava de homens armados para se proteger de mim.

— Você realmente achou que eu a machucaria?

— Não sabia do que você seria capaz, ou se pararia, ou mesmo se saberia como parar. Estava com medo, Michael. Tinha de pôr um fim àquilo. Você estava irreconhecível. Era como se não se importasse comigo ou sequer soubesse quem eu era.

Seu rosto está ligeiramente tensionado pela emoção, mas sem lágrimas escorrendo; apenas a umidade reveladora de seus pálidos olhos desalentados.

Ela vai para a cama, e por volta de 1h30 me deito ao seu lado.

Somos como dois estranhos abrigados juntos, que não ousavam se tocar.

Por volta das 5 horas, no entanto, acordamos entrelaçados em um aconchego inconsciente e atordoado. Ela rapidamente se desvencilha de mim.

— Estou me sentindo mal — diz ela.

— O que vamos fazer?

A pergunta poderia se referir a muitas coisas — a onde moraríamos, ao nosso casamento, à Sally. Nenhum de nós sabe como começar a responder-lhe.

— Não vou culpá-la se você já tiver aguentado o que podia — digo.

— Isso é um convite para eu ir embora?

— Claro que não.

— Talvez você pense que seria mais fácil passar por isso sozinho com Sally.

— Quis dizer que toda essa confusão deve ter sido mais do que você esperava na barganha.

— Eu não estava barganhando.

O olhar imperioso e magoado de Pat desperta novamente a lembrança que tenho dela em cena no Bryant Park, em uma apresentação solo chamada *Hiding*,* com a caveira de um búfalo amarrada no alto de sua cabeça. Luzes acesas, Pat emerge de sob uma manta do exército em um movimento

---

* *Escondido.* (N. do T.)

infinitamente vagaroso, uma fênix de esqueleto. A lembrança me enche de novos sentimentos por ela. Quero pedir desculpas, apagar a noite passada, mas dadas as circunstâncias, isso pareceria um gesto sem sentido — inadequado e ínfimo.

Em vez disso, corro o risco de ofendê-la ainda mais ao dizer-lhe que venho percebendo sua apreensão, seu retraimento, que tenho imaginado seu arrependimento pela perda da vida de artista imaculada que tinha antes de me conhecer, quando ela se contentava com uma monástica tigela de capellini e acelga à meia-noite. Falo sobre minha preocupação de que a tarefa de criar Sally seja mais do que ela pode aceitar; isso vai exigir demais dela, e ela não precisa entristecer sua vida com o que não tem culpa — e para onde aquilo a levará, uma vez que ela não é realmente a mãe de Sally e nunca o será, como a própria Sally fazia questão de lembrá-la?

— Você de fato pensa que eu a abandonaria? Ou está dizendo isso porque é o que você faria se nossos papéis estivessem invertidos?

— Essa não é uma interpretação muito generosa.

— Michael, estou aqui porque quero. Morro de preocupação com Sally.

Ela parece ainda mais desapontada comigo do que depois de minha explosão na noite anterior. Ao que tudo indica, eu não a compreendi em nada, embora pudesse argumentar, com razão, que ela esperava que eu adivinhasse telepaticamente as sutilezas de sua vida interior, sentindo-se desapontada quando eu falhava.

— Eu faria qualquer coisa por essa menina. Estou espantada que você pense de outra forma.

Ela vai para a sala, a uma distância segura de mim.

As primeiras luzes do dia invadem a janela.

Procuro um saco de lixo grande e começo a enchê-lo com os pedaços arrancados da porta do banheiro. Parte da porta continua pendurada pelas dobradiças, aparentando ter sido arrombada com um machado. Diligentemente, varro as antigas camadas das lascas de tinta que se espalham pelo chão. O lamentável momento pós-confusão do meu acesso de raiva.

— Que bela visão — ironiza Pat.

Ela fez café para si mesma e está sentada à mesa, sem demonstrar indignação nem desaprovação com relação a mim, como eu esperava, mas esgotamento e atordoamento. Está claro que chegamos a um novo patamar, mais frágil e provisório. Coisa que o compensado que eu lutava para pendurar no portal do banheiro — o que nos daria um mínimo de privacidade até a porta ser trocada — parecia sintetizar de forma quase cômica.

Com uma monotonia confessional, quase hipnotizada, Pat me conta sobre sua melhor amiga quando tinha 20 e poucos anos, uma mulher de quem eu nunca ouvira falar até então.

— Morávamos juntas. Conversávamos sobre tudo. Não havia assunto proibido entre nós. Ela tinha um brilho radiante que, de alguma forma, nos convencia de sua importância, era uma amizade divertidíssima. Ela enlouqueceu, mas demorei semanas para perceber. Nós éramos muito próximas para eu admitir que alguma coisa estava errada. Não era incomum dizermos a mesma coisa, ao mesmo tempo. A ponto de até meus sonhos se parecerem uma versão dos dela. Vivemos tão profundamente o mesmo universo que eu considerava seus delírios algo normal, nada fora do comum. Acho que tenho uma alta tolerância para aberrações, nós dois temos, Michael, ou teríamos percebido a angústia por que Sally passava antes de o problema ser jogado em nossa cara. Com minha amiga, nunca pensei em desistir, estávamos no mesmo barco. E quando ela começou a alegar que havia inventado o alfabeto e desenhou diagramas em um bloco para me mostrar como o fizera, fiquei desolada. De repente, tudo o que compartilhávamos perdeu o sentido, todas as nossas conversas sobre arte, nosso futuro e nossos planos: era tudo absurdo.

Termino de encher o saco de lixo e levo-o para o corredor. Depois, retiro os pinos das dobradiças e também remove o que restou da porta.

— Quero cuidar de Sally e ao mesmo tempo quero estar o mais longe possível dela — diz Pat. — É devastador pensar em quão assustada e desorientada ela deve se sentir. Quanto mais plena e vibrante ela está, maior é o perigo que corre. Esse é o truque que a vida lhe pregou. Quando você acha que está começando a entendê-la, que finalmente está na mesma frequência, ela diz alguma coisa que o faz perceber que não. É possível sentir quanto ela quer ser ouvida, e mesmo sendo um despropósito, é o *seu* despropósito, tem sentido para ela. Foi isso o que aprendi com minha amiga. Não importa que eu não seja sua mãe. Sou a mãe dela de certa forma. Posso me dedicar a Sally como faço com minha companhia de dança. É um tropismo, eu acho, minha fraqueza pela devoção que você gosta tanto de ridicularizar.

A estreia do espetáculo de Pat se aproxima e as horas de ensaio aumentam. Ela parece estar sempre correndo para encontrar figurinistas e técnicos de luz ou atrás de acessórios nas barracas de promoção ao longo da Canal e da Fulton Streets, em busca de raridades ao estilo elementar de Beuys que tanto lhe agrada. Um dia, cinco tinas de lavar roupa de metal galvanizado estão dispostas na sala; em outra ocasião, um gigantesco ventilador industrial. Ela diz que está "em ação", como alguém diz estar "fazendo dinheiro" ou "produzindo arte".

Ela trata suas bailarinas da mesma forma que a mim, com uma evasão estratégica que aparentemente as mantém curiosas e não permite que se acomodem. Ela não gosta de ter que explicar em palavras o que lhe parece óbvio. Ouvindo-a ao telefone, reconheço a irritação em sua voz quando tenta descrever para uma de suas bailarinas as características distintas de um arremesso, um mergulho, um deslizamento e um salto. Ela quer que o movimento seja "menos tenso", como diz. "Mas não incerto." Os elogios são divididos em pequenas porções consumidas com avidez, como um caramelo que precisasse ser esticado para que todos provassem.

Com Sally, ela é atenciosa, orientando-a em seus monólogos incoerentes e suas visões de realizações e glórias futuras.

— Acho que ela está melhorando — diz Pat para mim. — Mas não quero me precipitar. Isso dá azar.

Sally não menciona nossa briga, e por um tempo tenho a impressão de que não se lembra do episódio, até que ela retruca, depois que peço para se acalmar durante um agudo acesso de choro noturno:

— Ah, como se você não tivesse quase matado a Pat naquela noite.

Este implicante vislumbre momentâneo de lucidez é o que Pat chama de "melhora"?

Ela perambula pelo apartamento, maliciosa.

— Estou tentando descobrir minha verdadeira essência — explica.

Passamos a nos acostumar com o ruído áspero da janela ao ser levantada em seu esquadro enferrujado no meio da noite, nos alertando para o fato de que Sally subiu na escada de incêndio para fumar um cigarro. Saio da cama para ficar de olho nela. Segundo a dra. Lensing, ela não está com "ideias suicidas", mas não consigo deixá-la sentada do lado de fora a 15 metros do chão sem nenhuma vigilância.

— Tomou seus remédios? — pergunto, importunando-a para que tome as mesmas drogas que eu passei a desprezar.

— Não suporto isso! Pareço maluca para você agora? Pareço? Não sou criança. E se fosse, seria abençoada, e você nem saberia isso!

Ela mergulha e emerge, entra e sai da psicose. Nenhum de nós sabe quem ela será de um minuto para o outro, e essa ausência de continuidade é o mais difícil de suportar. Fragmentada, ela deixa de ser um indivíduo não apenas para nós, mas também para si mesma, suspeito. Não há um *eu*, nenhuma personalidade confiável em que se abrigar ou contra a qual se opor.

As restrições que minha ansiedade impõem a ela são sufocantes, mas não consigo deixar de rondá-la — o carcereiro, o cão de guarda, o esquadrão antissurto de um homem só. Preocupo-me que ao tentar acalmá-la esteja, na verdade, provocando mais agitação. E, pelos mesmos indícios, quando

Sally tenta me mostrar por algum gesto que está bem, eu o confundo com mais um sinal de distúrbio.

Ela folheia os *Sonetos* de Shakespeare, os poemas de Yeats e a Bíblia King James, olhando fixamente para as páginas que marcou quando estava maníaca, como se para recapturar os sentimentos da pessoa que fizera tais marcas.

— Não consigo ler — ela diz. — Esqueci como se faz para ler.

E começa a chorar.

E quando tudo deveria estar calmo sua chama luta para inflamar um rio de torpor, escreveu Sally antes dos bloqueadores de dopamina erigirem uma barreira contra o livre fluxo da linguagem em seu cérebro.

Meu próprio humor e sentimentos com relação a ela são erráticos, mudando diversas vezes ao longo do dia. Nos piores momentos, penso nela como *minha* doença — a doença que tenho de suportar. Em minhas anotações, rabisco furiosamente: "Estou intoxicado pela loucura de Sally nos dois sentidos da palavra — inebriado e envenenado."

Certa manhã, enquanto eu e Sally estamos sentados nas escadas da entrada de nosso prédio, nossa vizinha do final da rua, Lou, surge passeando com seu cão pastor. É a primeira vez que a vemos desde que fugiu aflita de Sally, no dia em que a levamos para o hospital, um incidente que repassei diversas vezes em minha cabeça; antes disso, Lou tratava Sally com especial simpatia.

Meu impulso é evitá-la, para poupar Sally da humilhação de ser rechaçada de novo, mas, com um aceno amigável, Lou cruza a rua saltitante para nos cumprimentar, arrastando atrás dela seu dócil cão pastor.

— Sally! Andei pensando em você. Parece tão melhor do que da última vez que a vi.
— Pareço?
— Sim, querida. Mas precisa se cuidar. Obedeça ao seu pai. Agora mais do que nunca.
Sally acaricia o cachorro de Lou.
— Parece uma criança.
— É o *meu* bebê — diz Lou.
Ela obviamente sabe o que se passou com Sally. Mas como? Fui com ela até a esquina:
— A história se espalhou de alguma forma? As pessoas estão comentando?
— Ninguém está comentando, Michael. Eu simplesmente sabia. Por experiência de vida. Conheço essas coisas.
Lembro a ela o modo como fugiu de nós.
— Como se fôssemos leprosos. Fiquei chocado.
— Tudo o que posso dizer é que sabia o estado em que ela estava. Por causa de minha irmã. Meu avô. Reconheço aquele estado quando o vejo, sempre reconheci. Tenho meus motivos para me afastar. Agora, que Deus o abençoe.
Ao retornar à entrada do prédio, Sally diz:
— Ela me ouve. Pode ouvir meus pensamentos.

Em meados de agosto, a dra. Lensing fala dos "passos efetivos" que Sally deu "para a verdadeira recuperação". "Remissão" é a palavra que sempre usa para evitar que criemos expectativas exageradas.
— Não é óbvio para vocês que estão o tempo todo com ela, mas está acontecendo. Posso ver claramente.
Quando Sally vai ao banheiro, ela me diz:

— Convenci Sally a visitar o café na Greenwich Avenue onde teve alguns dos momentos mais difíceis durante sua crise.

— Não estava sabendo disso.

— Ela foi lá ontem. Durante uma de suas saídas de 15 minutos. A ideia é que ela desmistifique esses lugares, veja que são comuns, que as coisas que acredita terem acontecido lá estavam todas em sua cabeça. Quando perguntei o que sentiu ao estar lá, ela respondeu: "Que tipo de pergunta é essa? É um café. Tomei uma xícara de café." Adorei a resposta. Vou diminuir o haloperidol a partir de hoje. Se tudo correr bem, será o início de uma redução gradual.

— Isso é ótimo.

— Cuidado nunca é demais nesta situação. O ajuste será lento. Ela continua tendo rompantes psicóticos. De curta duração. Às vezes, não mais do que um minuto.

— Que tipo de rompantes?

— Ela acha que um vizinho a está vigiando ou que está sendo seguida. Esse tipo de coisa.

Ocorre-me que Sally teve esse tipo de "rompante" a vida toda. Apenas não sabíamos o que era. Lembro-me de Aaron implicando quando ela afirmava que as pessoas estavam falando a seu respeito em ônibus ou restaurantes.

Nas duas semanas seguintes, a dra. Lensing reduz a medicação de Sally, ajustando e reajustando sua dosagem química como se minha filha fosse alguma invenção tecnológica delicada que ela estivesse preparando para lançar. O haloperidol foi reduzido, como ela havia dito que seria, e o ácido valproico, aumentado. A princípio, Sally parece ainda mais plácida do que antes, passando um domingo inteiro em silêncio no sofá, esquecendo-se até mesmo de sair para fumar.

Agora, ela tem permissão para sair do apartamento sozinha duas vezes por dia, durante uma hora de cada vez. Os períodos cada vez mais longos em que se ausentava são um alívio para nós dois. Precisamos desse descanso um do outro.

Certa tarde, ela volta do café acompanhada de uma mulher cinquentona que afirma ter sido Miss Geórgia.

— Que jovem absolutamente incrível é a sua filha — diz ela com um sotaque típico que era dois terços do tipo antiga dama da aristocracia sulista e um terço Westminster.

Sally já começou a imitar sua maneira de falar, sobranceira e comicamente aristocrática.

— Roseanne diz que tenho uma beleza de parar o trânsito — comenta Sally.

— É como falamos de uma mulher que, ao entrar em um restaurante, faz todo mundo parar de fazer seja o que for para ficar de boca aberta, admirando — explica Roseanne. — Tudo o que Sally precisa é perder alguns quilinhos. Ela poderia ter uma carreira fantástica como modelo.

Rodopiando, Sally se contempla no espelho.

— Isso não é o que queremos que Sally busque como meta neste momento — diz Pat com frieza.

Roseanne, entendendo o recado, dá três beijos estalados nas bochechas de Sally e parte.

Uma semana, dez dias se passam, e eu e Sally continuamos incapazes de sustentar uma conversa rudimentar. Quando o fazemos, é como se gritássemos um com o outro em meio a uma via expressa de grande movimento: o que eu escuto mais claramente é um grande ruído entre nós.

Então, certa noite no final de agosto, tudo muda. Eu e Sally estamos na cozinha. Passei o dia em casa com ela, trabalhando em meu roteiro para Jean-Paul.

— Quer uma xícara de chá? — pergunto.
— Isso seria bom. Sim. Obrigada.
— Com leite?
— Por favor. E mel.
— Duas colheradas?
— É. Deixe que eu coloco. Gosto de ver o mel pingando da colher.

Alguma coisa em seu tom de voz chamou minha atenção: a modulação de sua voz, sincera e relaxada — comedida e com um carinho que não via nela havia meses. Seu olhar estava mais suave. Adverti a mim mesmo para que não me deixasse ser enganado. Ainda assim, a mudança nela era inegável.

Ponho a chaleira no fogo e ficamos parados juntos perto do fogão. O casarão luxuoso abaixo da janela da cozinha está iluminado para uma festa. Convidados vestidos suntuosamente se espalham pelo jardim, onde garçons de smoking carregam bandejas com tira-gostos. Uma cena de *Gatsby*.

— Fico feliz por não termos sido convidados — diz Sally.

A chaleira ferve. Sally se reclina, recostando-se em mim.

— Você e Pat salvaram minha vida. Deve ser difícil para você.

Foi como se tivesse ocorrido um milagre. O milagre da normalidade, da existência costumeira. Seguindo a conduta de Sally, procuro agir como se nada incomum tivesse acontecido. E, a julgar pelas aparências, nada incomum *havia* acontecido para ela: ela parece não perceber a mudança.

Penso comigo mesmo: vou me lembrar dessa conversa — dessa troca aparentemente insignificante — como o momento em que Sally voltou.

Sinto como se tivéssemos vivido todo o verão em uma fábula. Uma bela garota é transformada em uma pedra ou em um demônio. Ela é separada daqueles que a amam, da linguagem, de tudo o que é de seu domínio. Então, o feitiço é quebrado e ela acorda novamente, "surpreendida por poder ver".

O feitiço também terminou para mim. Minha insônia acabou e eu durmo longos e ávidos períodos sem sonhos, incapaz de me levantar.

Por sugestão de Sally, fazemos uma visita ao Museu de História Natural durante a semana e nos vemos sozinhos entre os grandes mamíferos da África, cada um em seu mundo envidraçado. Costumávamos ir muito lá quando Sally era criança e revivemos o prazer daquelas excursões, visitando novamente seu diorama favorito: o da gazela africana com um pequeno pássaro se alimentando dos insetos que vivem em sua pele.

No café do museu, ela diz:

— Tenho de descobrir quem sou eu de novo. É como começar do zero.

Ela me conta que na véspera de a levarmos para o hospital, com a cabeça fervilhando, ela vislumbrou a si mesma ("meu eu sadio") se olhando no espelho do banheiro.

— Foi um lampejo em meus olhos, que esteve ali por frações de segundo, aquela pequena parte de mim mesma que ainda não tinha sido consumida me observando enlouquecer. *Eu a vejo. Sei o que você está fazendo. Sei quem você é.* E, depois, desapareceu. — Ela estala os dedos. — Eu não desmaiei, ela simplesmente sumiu, como o pavio em uma daquelas lamparinas de querosene que costumávamos usar para acampar. Foi como se eu tivesse parado para olhar para mim mesma, como se dissesse adeus.

Lembrei a história do rabino que foi procurado por um homem morto para resolver um problema: ele acreditava estar vivo. "Você não sabe", disse o rabino, "que não está mais entre os vivos? Você está na Terra da Confusão." Ao ouvir a história, o filho do rabino ficou preocupado que ele também estivesse nesses domínios. "Uma vez que você sabe da existência de tal mundo, não pode estar nele", explicou o pai.

A questão sobre quem exatamente é Sally agora, após seu ataque maníaco, continua a incomodá-la. Em casa, ela pergunta:

— Isso significa que tudo em que acreditei enquanto estava doente é besteira?

O quanto ela deveria desconsiderar? Como separar o que ela poderia manter sem perigo de sua mania, daquilo que deveria descartar?

Mais tarde, ela se admira de como algo tão vívido e óbvio poderia acabar sendo falso.

— Se minha percepção não era verdadeira, então o que é? Quando você se apaixonou por mamãe ou por Pat, ficou preocupado que fosse um delírio?

— Só um pouquinho.

— Mas isso não o impediu.

Ela parece ter amadurecido imensamente. Percebo que ela adquiriu outra dimensão. A extensão de sua experiência parece enorme. Preciso me lembrar de quão pouco ela viveu, que ainda é uma menina

Chegou o momento de retirar o Contrato de Saúde da porta da geladeira. Sally agora sai sozinha por três horas. Ela anda pensativa, preenchendo novos cadernos, "autodidata", me dizia, "como você".

Nós a inscrevemos em uma aula de pintura com pincel japonês no estúdio de uma loja de rua na Sullivan Street para que aos poucos ela possa voltar ao mundo cotidiano da conversação e da simples troca de experiência humana. O lugar se mostra favorável para iniciar seu reingresso; ela frequenta as três aulas sem entusiasmo, mas parece animada por não ser um desastre total.

Uma noite, ela me convida para nos sentarmos juntos no parque da Bleecker Street, o local de sua epifania inicial. Ela vai direto para um banco — "meu banco", como o chama — como uma fiel se dirige ao seu assento habitual em uma igreja. São quase 9 horas, nenhuma criança está por ali, o que parece ser como Sally prefere.

— É como visitar a mim mesma em um museu — diz ela.

Após me sentar ao seu lado, ela faz o possível para que eu enxergue o momento em que sua vida mudou. Foi ali que duas meninas de 4 anos, que brincavam na passarela de madeira perto do escorrega, fizeram um sinal para ela — um aceno, um olhar de reconhecimento, um cumprimento solene com a cabeça —, acendendo a visão que se fortaleceria dentro dela: a de que todos nascemos geniais, mas perdemos esse caráter quase no momento em que abrimos os olhos. Todo mundo possui essa genialidade. É nosso segredo tácito. Quando a infância acaba, temos medo de resgatá-la de dentro de nós porque seria muito arriscado fazê-lo; isso romperia nosso pacto servil com a sociedade, ameaçaria nossa capacidade de sobrevivência.

— Pensei que para se proteger de minha descoberta você tinha convencido a todos que eu estava louca. Eu realmente acreditava que minha visão o devastaria, pai, porque você, mais do que qualquer outra pessoa, lutava para reaver sua genialidade, mas não conseguia, você estava se esforçando demais.

Ela pega minha mão. Um casal passa e nos observa com um sorriso de aprovação.

— Tudo se encaixava — diz ela. — Não sei como descrever. Minha cabeça estava a mil. Mas o tempo passava devagar. Eu podia ver sob a superfície das coisas. Dentro das pessoas. Era como se eu fosse uma sonâmbula até então, esperando isso acontecer.

Sally balança a cabeça, perplexa, e ficamos sentados no parque vazio por mais um tempo, em silêncio.

A dra. Lensing continuou a diminuir a dosagem de haloperidol de Sally, e a mudança é evidente.

— Ela está lendo de novo — conto-lhe depois de uma das sessões de Sally na clínica comportamental. — Sua concentração está voltando.

— Esperemos que não se volte contra ela — diz a dra. Lensing. — Concentração pode se transformar em fixação.

Mas ela está obviamente feliz com o progresso de Sally. Dois dias depois, ao final de sua sessão, ela discretamente me sussurra:

— Ela está quase fora da selva. Da floresta negra.

Sally diz que, ao ouvir alguém subindo as escadas em Bank Street, acha que a pessoa está vindo inspecioná-la.

Parte Três

— Então, lembro a mim mesma que isso não é real. Penso que as pessoas estão me observando, mas sou só eu me observando.

A dra. Lensing alerta Sally para não flertar com tais pensamentos.

— Eles a colocam no centro do universo. Fazem você se sentir importante. As pessoas estão observando *você*. Você se sente escolhida. Você conhece muito bem o processo para cair nesse canto de sereia.

Sally ouve com o lábio inferior entre os dentes.

— Não sei mais quando confiar em minha cabeça. Não sei quando estou sendo psicótica.

— Quando voltar à escola e estiver com a vida plena novamente, estará menos interessada no que a psicose tem a oferecer.

Ao ouvir a menção à escola, Sally fica tensa. Restam apenas 11 dias para ela começar o primeiro ano do ensino médio.

— Não vou ser tratada como uma inválida — grita ela.
— Não quero tratamento especial. Não vou suportar! Posso fazer o que as outras garotas da minha idade fazem! — Ela começa a chorar.

— De onde está vindo isso? — pergunta a dra. Lensing.

Para mim, Sally diz:

— Você acha que vou ser capaz de enfrentar a escola?

Asseguro-a de que conseguirá.

— Será que meus amigos vão perceber que estou diferente?

Sally volta-se para a dra. Lensing e diz:

— Se não puder lidar com essa situação, vou abandonar a escola.

No Dia do Trabalhador, em 2 de setembro, meu irmão Steve liga.

— Não estou me sentindo bem, Mikey. Quero ir para o hospital. Acho que foi o suficiente para mim.

— E quanto àqueles parasitas?

— Foram embora. Junior e os outros. Já partiram. Há três dias. Estou sozinho agora. Juro que eles não voltarão.

Com uma voz trêmula e sôfrega, ele me conta que, para sobreviver, andou mendigando em porões de igrejas atrás da comida distribuída aos pobres.

— Tenho ficado na fila com o resto dos mendigos.

— Você não é um mendigo, Steve. Sua família o apoia. Você pode erguer a cabeça. Não precisa nunca mais ser um mendigo.

Digo que o verei em meia hora.

— Amo você, Mikey. Não por obrigação. Não porque é meu irmão. Você é o único.

Fazia um mês que eu não via Steve. Depois de minha última e desastrosa visita ao seu apartamento, com seus amigos drogados espalhados pelo chão, ele parou de se encontrar comigo no supermercado para fazermos as compras e nem atendia ao telefone.

Uma semana antes, eu havia recebido um telefonema de um homem chamado Edgar, que se identificara como o administrador do edifício de Steve.

— Preciso de permissão para inspecionar o apartamento de seu irmão — disse ele. — Fizeram reclamações, e temos motivos para acreditar que Steve está violando as normas do contrato de aluguel, bem como colocando em risco a saúde dos inquilinos que cumprem as leis. E a si mesmo, devo acrescentar.

Despistei Edgar, tentando ganhar tempo.

— Entendo o problema. Estamos tomando medidas para resolvê-lo.

— Preferia não ter que recorrer à medida judicial.

Lembrei a Edgar que ele vinha recebendo o aluguel de Steve desde o dia em que o prédio ficara pronto, há 21 anos. E me ocorreu que essa era a razão verdadeira pela qual ele queria expulsar Steve: seu aluguel era um quarto do valor que o apartamento alcançaria se estivesse no mercado.

— Essa foi a primeira vez que você teve um problema com meu irmão. Em anos.

— Sim, mas é um grande problema, sr. Greenberg.

Edgar também entrara em contato com meu irmão mais velho, Jay, no depósito de ferro-velho de nosso pai, herdado após sua morte por ele e outro irmão, Larry.

Depois que falei com Edgar, Jay me ligou. Ele não o culpava por querer se livrar de Steve.

— O modo como ele tem vivido naquele apartamento é revoltante.

Imaginei Jay e Larry abrigados em seu antiquado escritório cinzento, suas mesas de metal separadas apenas alguns metros, Jay inquieto e embrutecido pela vida que não escolhera.

— Veja bem — disse ele. — Se alguém estivesse levando os viciados da rua para dentro do edifício em que vive, como você se sentiria?

— Nesse momento, não dou a mínima para o que os vizinhos de Steve sentem.

— Bem, você deveria, porque eles vão despejá-lo.

— Eles não podem despejá-lo.

— Besteira, não podem uma vírgula. O prédio vai virar um condomínio.* Ele está destruindo seu valor de mercado.

— Steve é um arrendatário legal, com um longo histórico de vida de transtorno mental. Não existe juiz na cidade que aprovaria seu despejo, e Edgar sabe disso. Então, vamos esquecer as ameaças e descobrir como nos livramos dos malandros que estão se acomodando por lá. Do contrário, ele talvez termine na rua, sem que o despejo seja necessário.

Disse a mim mesmo que a insensibilidade de Jay com relação a Steve era, na verdade, a expressão de sua culpa por receber abundante amor de Helen enquanto Steve não tinha nada — culpa traduzida como raiva pela parte que a induzia, por provocar tanto desconforto. Mas o que eu de fato sabia sobre seus sentimentos? Nós éramos um batalhão de Cains crescendo juntos, dispostos a jogar o irmão mais fraco em uma pilha de lixo. "Mais para mim!" era o *ethos* em vigor em nosso lar. Largado por nossos pais, Steve se tornara nosso bode expiatório e pária permanente. Nosso escudo.

— A única forma de pôr um fim nisso é dar um susto de verdade nele — disse Jay.

Para tanto, ele e Larry haviam planejado enviar um brutamontes contratado ao seu apartamento — um ex-policial que instalara um sistema de segurança em seu armazém no South Bronx. Seu nome era Ralph. Eu o vira uma vez ao visitar meus irmãos há cerca de um ano, um homem de aspecto forte e boas maneiras, com seus sapatos Florsheim,

---

* No original, *co-op*, prédio com regras estabelecidas pelos proprietários, onde cada novo morador tem que passar por um comitê de condôminos para ser aprovado, diferentemente dos *tennements*, em que todo o prédio pertence a uma só pessoa. (*N. do T.*)

camisa social rosa e cabelos escovados. Meus irmãos pareciam orgulhosos de sua parceria com Ralph. Acreditavam que ele era um testemento do mundo de trabalho árduo que haviam herdado de nosso pai (embora papai jamais fosse contratar alguém para intimidar um membro de sua família). A ideia era que Ralph se passasse por policial e ameaçasse despejar e prender Steve. Para "abrir seus olhos".

Quando protestei contra aquela tática, meus irmãos me lembraram que nada do que eu tentara até então tinha dado resultado, que as pessoas só respondiam ao medo, que era para o próprio bem de Steve.

Eles podiam entender de medo, pensei, mas não da obstinação da loucura. Como explicar isso, no entanto, se eu mesmo acabara de aprender? Steve estava além da terapia do medo, e as ameaças de Ralph não fariam qualquer diferença. Steve vivia em outro mundo.

Ao chegar ao prédio de Steve, Gato, o porteiro dominicano que tinha um bigode tão fino que parecia ter sido desenhado sobre o lábio com um lápis de olho, meu aliado no edifício, escutava o jogo dos Yankees no rádio.

— Edgar me ligou. A situação está tão ruim assim? — pergunto.

Gato me leva para um canto.

— Olha, também tenho o meu *maluco* em casa, não é fácil, conheço a história, é preciso continuar amando eles quando o que você quer fazer é dar um tiro no meio da porra dos seus olhos. A administração deu ordens para não deixar ninguém subir para visitar Steve. *¿Entiende?* Um brutamontes veio semana passada, disse que era policial. Deixei que subisse quando me mostrou o distintivo. Do contrário, os convidados de Steve estão barrados. Não que isso mude alguma coisa. Esses *malditos* entram escondidos pela entrada de serviço. Têm as próprias chaves do apartamento de seu irmão. Os inquilinos estão em pânico, *hombre*. Os *malditos* perambulam pelo quarto andar. As pessoas estão com medo de sair no corredor. Pessoas que moram sozinhas. Elas me chamam querendo saber o que está acontecendo. Vou deixar você passar porque o conheço. Mas *escúchame bien*, faça algo para endireitar seu irmão, cara.

A porta de Steve está destrancada e entro em seu apartamento sem bater. Junior e os parasitas foram embora, como Steve dissera, embora seus cobertores e entulhos ainda estejam pelo chão. Eles venderam a televisão, o decodificador da TV a cabo que Helen pagara em prestações, o rádio, o telefone. As lâmpadas estão quebradas e as mantas de flanela que cobrem as janelas fazem o lugar parecer uma caverna. Retiro as cobertas; uma das janelas está sem grande parte do vidro. O ambiente está imundo e o mau cheiro impregna.

Steve está sentado de cueca na cama, o lábio inferior pendendo rachado e protuberante. Sua pele tem uma textura áspera, está inchada e estranhamente encardida. *Eu sei como está minha aparência*, sua expressão parece dizer. *Não precisa me dizer. É assim que são as coisas.*

— O que aconteceu com a janela? — pergunto.

— Junior empurrou um tal de Raimundo contra ela. Foi um acidente. Uma briguinha. Eles partiram um contra o outro. Não tive nada a ver com isso. Agora, a chuva entra. Eu me sinto um desabrigado. Você poderia consertá-la, Mikey?

Procuro em volta por algo apresentável que ele possa usar no hospital, mas está tudo sujo e rasgado. Arranjo um suéter listrado que eu havia lhe dado, os punhos desfiados como se tivessem sido roídos, e uma calça jeans preta. Calço um par de tênis sem cadarços nele e seguimos em direção ao elevador no corredor.

— Sei o que você está pensando. Entrei em um círculo vicioso. Perdi o controle. É como o pai costumava dizer, não sei lidar com isso, não sei como ter amigos.

No saguão, Steve se arrasta para fora do elevador como um idoso, quase sem levantar os pés, o tênis saindo de seus pés conforme avança, a parte de trás do sapato amassada pelo calcanhar exposto.

Ele cumprimenta Gato com um aceno de cabeça.

— Você conhece meu irmão — diz ele, obviamente tentando me agradar. — É ele que me mantém na linha. Meu salva-vidas.

Gato abre a porta da frente para nós e saímos na Twenty-second Street. Steve imediatamente retira um cachimbo de espiga de milho enegrecido do bolso, aperta alguns ramos de tabaco em seu bojo e o acende, tragando a fumaça até ficar com o rosto vermelho; em seguida, expira, engasgando. Para esvaziar as cinzas, ele bate o cachimbo contra a perna da calça, me espreitando em uma paródia de raiva e contrição.

— Nós vamos ficar parados aqui o dia todo?

Faço sinal para um táxi e peço que nos leve para o hospital na Fifth Avenue — não o hospital em que Sally ficou, não poderia levar outro membro de minha família para lá, não conseguiria encará-los —, mas aquele onde nosso pai morrera dois verões atrás.

Cruzamos às pressas a cidade, em um fluxo vertiginoso, as ruas exalando calor, a Madison Avenue tranquila e clara, suas vitrines parecendo mais preservadas do que vivas, como os dioramas no Museu de História Natural. Outro fim de semana de feriado vazio.

O alívio de Steve é palpável. Ele não me parece psicótico, mas infantil e indefeso. A agressividade das últimas duas semanas desapareceu, desgastada com o esforço de uma rebelião que desde o início ele sabia não ser capaz de sustentar.

Pergunto pelo "policial" que foi atrás dele. A recordação de Steve da visita é vaga.

— Ele era um policial? Acho que era. Agia como se não quisesse estar lá. Mas quem iria querer? Minha casa não é exatamente um lugar agradável. Ele parecia sentir pena de mim. Disse que eu seria preso se não entrasse nos eixos, eu não estava realmente ouvindo, ele falava como um advogado. Pediu desculpa pela visita. Talvez estivesse chocado. Não sei. Ele me deu alguns trocados para comprar tabaco e foi embora.

Chegamos ao pronto-socorro, o primeiro ponto de parada, e nos acomodamos para uma longa espera em cadeiras de plástico duras, sob uma televisão aos berros suspensa em suportes de metal. Para passar o tempo, ele recita os aniversários de quase todos os componentes de nossa família, incluindo os parentes distantes, vivos ou mortos, nomes que eu não escutava há anos. Steve se lembra de todos eles, uma memória fantástica, embora tenha menos o que fazer com ela do que qualquer um dos irmãos; nas raras ocasiões em que comparece às reuniões familiares, ele vai embora depois de uma hora.

— Acho que talvez você também tenha um distúrbio mental, Mikey — diz ele.

— Por que está dizendo isso?

— Sem essa, quando você era adolescente, seu temperamento, as brigas com nosso pai. — Ele me olha malicioso e contente. — Existem marcadores para doenças mentais. Tudo o que você precisa é de um exame de sangue para ter certeza. Não me leve a mal, não estou tentando assustá-lo, mas acho que sofre disso, já vi sinais. É possível diagnosticar com esse teste se um bebê que ainda não nasceu é esquizofrênico. Pois você também pode ser esquizóide no útero. Por que acha que eles legalizaram o aborto?

— Não existem marcadores, Steve. Nem exame de sangue. Você sabe muito bem disso.

Ele solta um de seus risos dissonantes.

— Vamos lá, Mikey. Eu deixo você estar em meus sonhos, se me deixar estar nos seus. Bob Dylan disse isso.

Ele pergunta por nossa mãe, que não via havia muitos meses. Também andava preocupado com ela. Helen estava envelhecendo. Sempre contara com Bernie. Não estava acostumada a viver sem ele. Sua voz assume um tom ácido.

— Ela nunca trabalhou como eu trabalhei, Mikey, ocupando meu tempo, arrastando vasos de flores na neve.

Ele conta que da última vez em que a visitou, ela estava sentada no escuro em seu apartamento. Sozinha.

Steve está descrevendo a si mesmo, óbvio. A pessoa da qual fala não se parece nem um pouco com nossa mãe. O apartamento de Helen é extraordinariamente claro; ela tem dezenas de amigos e, desde que Bernie morreu, vários pretendentes. Seu telefone raramente para de tocar.

Finalmente, um residente da psiquiatria chama Steve. Ele não protesta quando o residente me pede que eu participe da conversa.

— Não tenho segredos para meu irmão caçula — diz Steve.

Durante a conversa, Steve demonstra grande esperteza. Claramente, quer ser internado e sabe como dar a sua cartada. Ele conta ao residente que está ouvindo vozes, e eu tenho quase certeza de que ele está mentindo.

— Você consegue identificar essas vozes?

— É minha cunhada, a mulher do meu irmão Jay, o preferido de nossa mãe. Estou certo, Mikey? Diga a ele. Jay tem tudo. É o príncipe. E ficou com a princesa, e ela não para de falar em meus ouvidos.

Sem aviso, ele puxa a língua com os dedos e a mostra ao residente para que ele a examine mais de perto, sacudindo-a de um lado para o outro.

— Você vê sinais de infecção? Ferida? Câncer?

— Bote essa língua para dentro — digo. E explico ao residente: —Normalmente ele é tímido e não anda maltrapilho. Um doce de pessoa. Você não o reconheceria.

Sem poupar detalhes, Steve descreve suas façanhas com Junior em St. Marks Place. Pergunto a mim mesmo se ele não estaria exagerando ao falar de sua "garota de programa" Maxine, mas ele parece desorientado de uma maneira que não poderia ser fingimento — alternadamente enfático, funesto e inocente, além dos limites da culpa.

Ele é aceito no hospital e subimos juntos para a segurança nebulosa da encarcerada enfermaria psiquiátrica.

Uma enfermeira lhe dá remédios.

— Sou um experimento químico, Mikey. Um efeito colateral ambulante. Lembra-se de Aldous Huxley? *Admirável mundo novo?* É onde estou, irmãozinho. Soma. Comecei a tomar esses remédios em 1966.

Digo a ele que voltarei para ver como está em um ou dois dias.

Passo os dois dias seguintes limpando o apartamento de Steve, jogando fora os detritos das farras que promoveu, o que inclui os rádios, amplificadores e computadores quebrados que ele e seus parceiros juntaram. Troco a fechadura da porta, compro cortinas para as janelas e contrato um vidraceiro para consertar a janela.

Durante uma de minhas jornadas à sala do compactador de lixo, ouço o retinir metálico de uma corrente de fechadura deslizando em seu suporte. Ao longo das subsequentes jornadas, sinto os olhos da pessoa atrás daquela porta me observando pelo visor ao passar.

Finalmente, a vizinha sai de seu apartamento e me confronta, uma mulher baixa, de fala mansa, com 60 e poucos anos.

— Sei quem é você — diz ela. — Você deixa umas cestas básicas para seu irmão e sai correndo porque não suporta ficar aqui. Mas eu estou aqui o tempo todo, separada dele por uma parede de compensado.

Peço desculpa pelos aborrecimentos dos dois últimos meses, garanto-lhe que as coisas vão melhorar.

— Deveria ter vergonha de si mesmo por deixá-lo viver dessa maneira. Você obviamente não dá a mínima.

Após três dias, Steve recebe alta do hospital. Parece feliz por retornar ao seu canto e retomar sua vida de onde estava antes de embarcar naquela desastrosa "experiência social", como agora passou a denominá-la.

Eu lhe dou uma nova chave, uma nova lata de tabaco e suas compras semanais, que ele guarda cuidadosamente na geladeira.

Em questão de minutos, ele estava novamente instalado em sua poltrona reclinável com seu pote de picles cheio até a borda de chá Lipton.

— Vou voltar a trabalhar para os gregos — diz ele. — A época de maior movimento está prestes a começar. Dez, doze entregas por dia. Você vai ver. Agora é a hora. Ouvi no rádio. Clinton será reeleito presidente. Um novo *boom*.

Em 9 de setembro as aulas vão começar e, conforme a data se aproximava, Sally se enche de medo diante da perspectiva de reencontrar o mundo, enfrentar sozinha seus colegas de classe. Ela sente vergonha do que possa ter feito na última primavera, quando foi dada a largada para o seu galope maníaco. Imaginando o pior, ela passou a atravessar a rua para evitar encarar vizinhos e lojistas que mal conhece, convencida de que fez algo degradante aos olhos deles. O fato de não conseguir se lembrar serve apenas para aumentar sua vergonha retroativa.

— Não sabia quem eu era — diz ela. — E se alguém me pedir que explicasse as coisas estranhas que fiz?

— Que tipo de coisas estranhas? — pergunta Pat.

— Não sei!

Robert Lowell achava que falar sobre um surto maníaco depois que "a verborragia do delírio passou" era como "um gato tentando explicar como ele desce uma escada". Sally era esse gato, descendo com dificuldade após a subida rápida e negligente. A vivacidade da mania a deixara insegura quanto ao ponto em que seus pensamentos terminavam e suas façanhas começavam. Não lhe parecia possível que os grandes dramas de suas projeções não fossem eventos reais e que a pardacenta vida cotidiana tivesse prosseguido como de costume enquanto ela enlouquecia.

— Tudo isso estava acontecendo dentro de você — digo-lhe. — Ninguém poderia ver, até você transbordar com Cass. E aquilo já foi em julho.

As lacunas em sua memória, porém, continuam a assombrá-la.

— Eu estava fora de mim. Mas não sei o que isso realmente significa.

A dra. Lensing me garante que sua ansiedade é algo previsível.

— "Melhor velhos demônios do que novos deuses" — diz ela, citando o provérbio chinês. — A mente foge de volta para o tumulto com que está familiarizada. Há uma certa fragilidade em Sally neste momento. Uma tendência à autoprodução de estresse.

Ela aumenta a dosagem dos medicamentos antipsicóticos de Sally, embora continuem bem abaixo do que eram quando ela deixou o hospital.

— Apenas por alguns dias, para ajudá-la nos momentos mais difíceis — explica Lensing.

Mas então Sally se queixa de que seus amigos vão saber que ela está sedada.

— E se eu não passar no teste do bandejão? — diz ela, referindo-se à habilidade de estar em público sem que o transtorno mental de uma pessoa seja descoberto.

Sob a orientação da dra. Lensing, ela está mantendo um "diário de humor", no qual registra, com uma preocupação meticulosa, cada alteração de seu coração. Eu me pergunto se ela não está se exaurindo; Sally não deveria ser encorajada a olhar para além de si mesma, para o exterior?

Quatro dias antes das aulas começarem, ela diz:

— Acho que estamos nos apressando. Não estou preparada. Não tive oportunidade de lidar com o que aconteceu. Sinto muito. Será que algum dia vou parar de desapontar você, papai?

De qualquer modo, ela se empenha bravamente, entregando seus relatórios de humor para a dra. Lensing, embora ela mesma tenha dúvidas quanto à sua confiabilidade. Sally é a única fonte de informação sobre si mesma, e esse é o problema.

— Eu tenho jeito para fazer as pessoas acreditarem que estou no controle. Elas me seguem quando estou totalmente desestruturada. É um pouco assustador.

A dra. Lensing não teme estar sendo enganada.

— O espectro está se reduzindo — explica a médica para mim e para Pat. — Suas mudanças de humor estão menos radicais. Ela é uma escritora excepcional. A escrita simplesmente extravasa dela. Ela o envolve. É... — Ela faz uma pausa, buscando a palavra. — ... *direta*.

Ela estabelece um regime rigoroso para Sally, "a dieta da psicose maníaco-depressiva", como a chama, elaborada para mantê-la com os pés firmes no chão.

— O mínimo possível de farinha refinada, mas batata pode. Muitos vegetais e proteína. Duas colheres de óleo de linhaça por dia, nove horas de sono sem interrupção e nada de cochilos.

Sozinha comigo no jantar, Sally apresenta o nervosismo de uma noiva pouco antes do casamento, sem saber muito bem se está apostando sua sorte no homem certo.

— Não vou conseguir passar por isso. Por que não aceitamos o fato de que escola é algo com que não sei lidar?

— Você já pensou na possibilidade de as coisas darem certo?

— Possibilidades não me adiantam. Preciso saber.

— Ninguém pode ter certeza do futuro.

— Sim. Mas é diferente para mim. Se minha mente se virar contra mim, não vou nem saber que isso está acontecendo. Não vou saber que estou sendo uma aberração. Mas todo mundo vai saber.

Eu penso: como ela é frágil. Ainda que a força incontrolável de seu ser seja o oposto. Desejaria poder fazê-la parar de se identificar tanto com seu distúrbio, mas como poderia, se o próprio mecanismo de gerenciamento da doença exige um autoexame minucioso que reforça constantemente o problema em sua cabeça?

Quando sugiro que ela vá devagar e espere mais algumas semanas antes de iniciar as aulas, Sally diz, horrorizada:

— E ser uma desistente? Você está falando sério?

Perto da meia-noite, Pat volta dos ensaios. Sally já foi para a cama. Pat se senta a poucos metros de mim no sofá, silenciosa e intensa. Quase um mês se passou desde o nosso entrevero, e ainda estamos tateando um com o outro, hesitantes, cuidadosos com o que dizemos e fisicamente tímidos. É como se esperássemos que uma nova ordem se declare por conta própria, uma nova maneira de ser que soubéssemos instintivamente não impor.

Pat está sentada com os joelhos pressionados um contra o outro na ponta do sofá, como se estivesse prestes a se levantar a qualquer momento. Deixo de lado o livro que estou lendo.

— Acho que deveríamos ter um filho — diz ela.

Fica claro para mim que aquilo não é uma sugestão, que Pat já se decidiu, e meu primeiro impulso é argumentar contra a ideia. Seria prudente fazermos tal coisa neste exato momento? Não deveríamos esperar pelo menos até nos restabelecermos? Eric está impaciente para que nos mudemos, nos empurrando porta afora com uma torrente ininterrupta de indiretas e afrontas. E embora tenhamos passado boa parte de cada fim de semana procurando um apartamento, ainda precisamos encontrar um que possamos pagar.

— Será que conseguimos cuidar de um bebê com tudo tão incerto? — pergunto.

— As coisas são sempre incertas — responde Pat, inadvertidamente parafraseando o lugar-comum que eu citara para Sally mais cedo naquela noite. Ela se levanta de modo brusco, obviamente ofendida.

Ouvindo nossa conversa, Sally desce de seu beliche, injuriada.

— Sabia que isso aconteceria. Você nunca vai me amar tanto quanto ao seu próprio filho. É a lei biológica. Você vai dizer que me ama, mas vai ser uma mentira, não porque queira mentir... não acho que algum dia você tenha mentido, Pat, mas você não vai ser capaz de evitar; sempre estarei em segundo lugar.

Ela se senta no sofá onde Pat estivera, os pés torcidos embaixo do corpo, bem acordada, preocupada.

— Pat será uma mãe incrível — diz ela para mim em um sussurro, para que não seja ouvida por Pat.

Durante o final de semana, visitamos amigos em Woodstock, no norte do estado de Nova York. Eles têm uma saudável menina de 5 meses. Sally segura seus bracinhos e conversa calmamente com ela. Nossos amigos observam como a criança está entretida e tranquila em sua presença.

No almoço, o recente pai apoia o bebê no colo e sua mulher filma a cena com uma câmera.

Impulsivamente, dou um pulo da mesa, jogo meus braços em volta de Sally e digo:

— Este é o *meu* bebê. Filma a gente também!

Sally afasta a cabeça, e Pat me lança um olhar fulminante do outro lado da mesa.

— Os filhos são sempre os bebês de seus pais — diz nossa anfitriã gentilmente.

Ela nos filma por alguns segundos antes de educadamente deixar a câmera de lado.

Eu me sento, ardendo de vergonha.

Na noite anterior ao início das aulas, Sally está extraordinariamente calma. Ela está aborrecida com o estardalhaço que eu e Pat fizemos ao prepará-la para o grande dia: um compartimento especial em sua mochila para os medicamentos da hora do almoço e um bilhete para lembrá-la de tomar os remédios.

De manhã, Sally debocha de minha lista "coisas a serem lembradas".

No entanto, quando lhe pergunto se estou sendo superprotetor, seu sarcasmo se desfaz.

— Deus, não. Estou morta de medo. Esse é o problema. Preciso disso.

A familiar e efervescente apreensão toma conta dela.

— O que vou dizer quando as pessoas perguntarem o que eu fiz no verão? Ah, passei julho no hospício. Descobri que sou psicótica. E você? — Ela projeta a voz, imitando um bate-papo em falsete.

Sugiro que guarde para si mesma os acontecimentos do verão.

— As pessoas não entenderão. Ou muito poucas o farão. Você não sabe a que tipo de preconceito estará sujeita. Melhor elaborar isso conosco e com a dra. Lensing.

Mas será que eu tenho razão sobre isso? Será mesmo melhor para Sally esconder o que houve? Talvez não seja possível. E quanto à carga que tal segredo jogará sobre ela?

Preocupado demais para trabalhar, às 15 horas estou sentado do lado de fora, nas escadas de acesso ao prédio, esperando sua volta para casa.

— Como foram as coisas?

— Bem — respondeu ela quase bruscamente. Depois, com uma voz mais suave, diz: — Não fui comida viva. Ninguém fugiu de mim nem percebeu nada de estranho, exceto que engordei. Mas todo mundo está diferente do ano passado.

Celebramos durante o jantar. Robin telefona para lhe dar os parabéns. Depois, Aaron liga para encorajá-la.

— Não aconteceu nada! — diz ela, triunfante. — Nunca essas três palavras soaram tão bem.

Ser parabenizada por nada era "patético", insiste Sally. Mas posso ver que ela está feliz.

A semana escolar termina e continua a não acontecer nada.

A dra. Lensing retira novamente a medicação antipsicótica, e no final de setembro Sally está tomando somente uma pequena dosagem antes de dormir. Sua rapidez de raciocínio voltou, bem como sua precocidade verbal e seus sentimentos intensos pelas pessoas, inclusive aquelas com que se depara na literatura e nos filmes.

Ela formou um grupo coeso com três amigas de sua turma, e muitas vezes elas povoam alegremente o apartamento depois da escola. Às tardes, escuto Sally ao telefone com elas, íntima, sarcástica, tagarela — o som revigorante da saúde.

Após um longo debate comigo e com Pat, ela lhes conta sobre seu surto. Elas prontamente aceitam a novidade. Ser uma graduada da enfermaria psiquiátrica confere a Sally status social. É um tipo de credencial. Ela esteve onde as outras não estiveram. Isso se tornou o segredo delas.

Em 23 de outubro, na véspera da estreia de seu espetáculo de dança, Pat me liga no fim da tarde.

— O ensaio técnico foi um desastre — diz ela, como se o que suspeitara desde sempre finalmente se confirmasse. — A peça está horrível. As bailarinas esqueceram tudo o que lhes ensinei. Elas começaram a fazer poses, a se movimentar no tempo com a música. Foi uma desgraça. — Ela pede desculpa por não me convidar para o ensaio como prometera. — Percebi que você estava muito próximo do material. Não seria capaz de assistir com o seu melhor olho crítico.

Pat não me contou nada de específico sobre o trabalho, e tenho a impressão de que ela teme mostrá-lo, embora isso talvez seja apenas o seu corriqueiro pânico da noite de pré-estreia. Em casa, ela troca ideias por telefone com as bailarinas durante horas.

— Elas precisam ser um pouco amedrontadas — diz para mim. — Sem concessões agora.

O chão da sala está coberto de folhas de papel transparente — a última ideia para os acessórios cênicos de Pat. Ouço-a cortando o papel enquanto me preparo para dormir.

Às 5 horas da manhã, ela está sentada na beirada da cama, lívida de apreensão.

Boas notícias: os ingressos para o espetáculo estão esgotados. Chego com Sally e ficamos observando o público entrar apressado e com grande expectativa. Os assentos ao nosso redor estão cheios. O alarido aumenta. Localizo Helen, usando um vestido púrpura bordado com arremates brocados. Ela abraça Sally, apresentando-a às duas amigas que levara consigo como "minha neta maravilhosa".

— Parabéns ao marido — diz uma das amigas de Helen. — Você deve estar muito orgulhoso.

Sally agarra minha mão. Sinto um pânico triplo: por ela, por Pat e por mim.

— Pat é tão inteligente — diz Sally, depois que minha mãe e suas amigas voltaram para seus assentos. — Ela se manteve firme à sua criatividade. Tenho muita sorte por ela me amar. Acredito de verdade em seu amor. Você acha que ela me ama?

As luzes do teatro se apagam e mergulhamos na psique de Pat, mas também, assombrosamente, em um espelho de nossas próprias psiques. A peça se chamava *Clinical Data*.* As bailarinas saltam e se deixam cair, aos trancos e barrancos, enquanto duas atrizes as seguem, declamando frases ferinas de impacto — "... estamos aqui para retirar as partes inúteis de seu cérebro..." — suas vozes sussurrantes e assombradas sobrepostas. Elas são as vozes dentro da cabeça das bailarinas.

---
* *Dados clínicos.* (N. do T.)

Sally parece fascinada. Fico observando enquanto ela assiste: o rosto tranquilo e os grandes olhos negros. As bailarinas dão a impressão de terem sido pegas de surpresa, desajeitadas e vulneráveis dentro de seu universo inventado. O papel transparente que Pat cortara em nossa sala na noite anterior se transformara em 15 vestidos pendurados em linhas de pesca nos caibros, cada qual com uma faixa amarela. Um ventilador enorme com cintilantes pás de metal situa-se no centro e ao fundo do palco, como os olhos de um touro.

O ventilador é ligado, varrendo quase violentamente todo o teatro. Os vestidos parecem plumas suspensas no ar. As bailarinas se enfiam dentro deles, o papel farfalhando com seus movimentos, amarrotando em seus corpos e se rasgando em pedaços, que deslizam aleatoriamente pelo palco. O efeito é de pele morta, enquanto as bailarinas em seus vestidos rasgados assumem uma aparência devastada e cheia de estilo. A ação poderia se passar em uma prisão da qual o esforço para fugir é cômico, pois, mesmo quando acham que estão livres, as bailarinas continuam lá.

— Qual é o seu diagnóstico? — pergunta uma das vozes, da mesma forma que um preso perguntaria: *"Por que você está cumprindo pena?"*

Um saxofonista colombiano, que Pat conheceu quando ele tocava por alguns trocados no metrô, executa os boleros que compôs. As bailarinas sopram bolhas umas nas outras que pousam como bombas psíquicas. Para mim, é como se estivéssemos na sala de recreação da enfermaria psiquiátrica, reimaginada como uma espécie de baile lunático.

Então era isso o que ela vinha fazendo todo o verão, penso. Sinto uma ânsia de me levantar e sair. É muito intenso. Seguro a mão de Sally. Ela parece encantada e pasma.

Ao fim, a plateia fica momentaneamente atordoada. Alguns segundos se passam antes que os aplausos irrompam em uma aclamação.

As bailarinas se curvam em agradecimento, exaustas e eufóricas. Vislumbro Pat em pé atrás do teatro, o rosto inchado pela falta de sono, aplaudindo-as com as mãos para o alto.

Helen a parabeniza na saída do teatro.

— Você captou a mensagem, Pat. Mostrou-nos algo profundo. — Ela abraça Sally novamente. — Havia muito sobre o que se pensar ali esta noite, minha querida. Só não pense demais.

Suas amigas parecem perplexas e emocionadas.

— Ela é uma moça calma — ouço uma delas dizendo sobre Pat ao se dirigir para a saída. — Encantadora. Não se espera aquilo dela.

Em casa, Sally diz:

— Foi como ver meu caso de fora. Foi lindo. Você me mostrou isso. Só espero que não tenhamos espantado ninguém. Todas aquelas pessoas na plateia, quero dizer. E como aplaudiram você, Pat!

Ela foi à segunda apresentação, ficando entre as bailarinas depois, sentando-se perto de Pat nos bastidores com a cabeça em seu colo.

Duas semanas depois, ela tirou um A — pela primeira vez na vida — em um trabalho sobre a obra *The Fire Next Time*, de James Baldwin.

— Ele escreveu este livro para não enlouquecer — contou-me ela.

A prateleira em seu beliche está cheia de novos livros que Sally adquiriu: *Women and Madness*, *The Mith of Mental Ilness*, *Is There No Place on Earth for Me?**

Às vezes, depois da escola, ela se refugia em seu beliche ou dá longas caminhadas contemplativas pelo Village. Percebo que ela está lutando contra o que agora sabe estar dentro de si, atordoada e corajosa, negociando com aquilo, como se tentasse alcançar uma trégua consigo mesma.

Em dezembro, nós três nos mudamos para um apartamento próprio na West 108th Street, e o tempo de nossos problemas chegou a um fim. Pelo menos por enquanto.

---

* *As mulheres e a loucura*, *O mito do distúrbio mental*, *Existe um lugar no mundo para mim?*. (N. do E.)

Pós-Escrito

Dois anos mais tarde, em dezembro de 1998, Sally estava no berçário comigo e com Pat após o nascimento de seu meio-irmão Brendan. Ela o confortou ansiosamente quando ele choramingou sob a lâmpada de aquecimento em seu berço. Sally o adorava quando pequeno, cochichando em sua presença ao dizer algo que acreditava ser inadequado à sua idade.

Em junho de 1999, Sally se graduou com louvor no ensino médio e, em setembro, começou a ter aulas em uma pequena faculdade de artes em Manhattan, enquanto continuava a viver em casa. Ela parecia ter entrado em um período de intensa criatividade, chamando a atenção de seus professores com sua escrita e sua forma de pensar. Mas na primavera ela teve de deixar a faculdade, acometida pela psicose maníaco-depressiva após passar mais de três anos livre desse distúrbio. Uma série de internações se seguiu. Levou quase um ano para que ela se restabelecesse.

Em 2001, Sally se envolveu com um antigo colega de turma da escola, Alex. Eles eram "os primeiros" um do outro, como Sally definia.

— Ele disse que me amava — comentou ela, extasiada com ele.

Parecia um grande salto adiante. Eles ficavam descontraídos um com o outro, Alex impulsivo e inocente, os dois rindo à toa, compartilhando brincadeiras só deles e uma miríade de pontos em comum. Eles davam a impressão de serem atenciosos e protetores um com o outro, e embora Alex soubesse dos medicamentos que Sally tomava e para o que serviam, ele aparentava estar tão intrigado pela dinâmica mais profunda de seu distúrbio quanto eu estivera um dia.

Sally foi morar com Alex durante seu último ano de faculdade no norte do estado de Nova York, trabalhando com crianças pequenas em uma creche local e na lanchonete da faculdade para ajudar Alex a terminar a graduação.

Em julho de 2004, eles se casaram às margens do Seneca Lake, em Geneva, Nova York, com o comparecimento de familiares e amigos, e Brendan carregando cuidadosamente os anéis em uma pequena almofada branca.

Dois anos depois, por motivos de saúde, Sally teve de parar de tomar Zyprexa, o poderoso neuroléptico que substituíra o ácido valproico como seu principal medicamento e que, apesar dos vários efeitos colaterais indesejáveis, ajudara a mantê-la longe do hospital por mais de cinco anos. A psicose ganhou vida nela com força renovada, como se estivesse descansando em espera.

No verão de 2007, ela se separou de Alex. Hoje, ela vive em Vermont, perto de Robin e George. Ela trabalha meio expediente na padaria de Robin, especializando-se na confecção de muffins e bolos de limão. Ela também auxilia o trabalho em uma fazenda da redondeza, extraindo o xarope de ácer e tratando de cabras e vacas. Quase todos os dias nos falamos, e Sally, com sua autoironia, mostra-se corajosa mesmo durante os períodos de resguardo e perda. Ela está determinada a aprender a antecipar seus piores surtos de psicose, afastando-os antes que eles a dominem.

— Estou tentando reconhecer quando surgem — diz ela —, para poder sair da frente ou pelo menos me jogar no chão, como faríamos se fôssemos pegos no fogo cruzado de um tiroteio.

Quando lhe contei que estava escrevendo um livro sobre o verão de seu primeiro surto, ela disse:

— Gosto da ideia de você estar pensando tanto sobre mim. — Em seguida, após ponderar um pouco, acrescentou: — Quero que você use meu nome verdadeiro.

Agradecimentos

Sou grato a Judith Gurewich, editora da Other Press, cuja competência editorial e o firme comprometimento com este livro o fomentaram do princípio ao fim; e a Jim Campbell, pelo olhar de leitor tão aguçado.

As citações de Robert Lowell foram tiradas da obra *Robert Lowell: A Biography*, de Ian Hamilton (Nova York: Random House, 1982). É ao mesmo tempo um relato esplêndido sobre a vida do poeta e um retrato aflitivo da mania durante o curso de uma vida e seus efeitos sobre aqueles que se encontravam em seu caminho.

A clássica biografia de Richard Ellmann, *James Joyce* (Nova York: Oxford University Press, 1959), e o excelente livro de Brenda Maddox, *Nora: The Real Life of Molly Bloom* (Nova York: Houghton Mifflin, 1988), forneceram o perfil essencial do complicado relacionamento de James Joyce e Nora Joyce com sua filha Lucia.

Este livro foi composto na tipologia Arrus BT,
em corpo 10,5/15, e impresso em papel
off-white 80g/m², no Sistema Cameron da Divisão
Gráfica da Distribuidora Record.